ENTRETIENS
AVEC
HERGÉ

BIBLIOTHÈQUE
DE MOULINSART

Collection placée sous la direction de Benoît Peeters

Numa Sadoul

ENTRETIENS AVEC HERGÉ

ÉDITION DÉFINITIVE

casterman

Du même auteur :

Oratorio, suivi de *Le sang des feuilles mortes,*
éd. Pierre-Jean Oswald, coll. «Théâtre en France», 1970.

*Mémoires d'Adam-François San Hurcelo Lumneri,
pornographe,* éd. L'Or du Temps, 1971.

*Archétypes et concordances dans la bande dessinée
moderne,* chez l'auteur, 1971.

Gotlib, éd. Albin Michel, coll. «Graffiti», 1974.

Mister Moebius et Docteur Gir, éd. Albin Michel,
coll. «Graffiti», 1976.

Portraits à la plume et au pinceau,
éd. Jacques Glénat, 1977.

Histoire de la bande dessinée en France et en Belgique,
ouvrage collectif, éd. Jacques Glénat, 1979, réédition 1984.

La Tétralogie, de R. Wagner, adaptation N. Sadoul,
conception et réalisation F. Renoncé, éd. Dargaud,
4 volumes, 1982-1984.

Et Franquin créa la gaffe, entretiens,
éd. Distri B.D./Schlirf, 1986.

Lieux d'écrits, ouvrage collectif,
éd. Fondation Royaumont, 1987.

© Casterman 1989
ISBN 2-203-01708-2
(ISBN 2-203-23136-X. *Tintin et moi, Entretiens avec Hergé.*
Casterman, 1975.)
(ISBN 2-203-23138-6. *Entretiens avec Hergé. Tintin et moi.* Casterman, 1983.)
© Casterman 1975. Droits de traduction
et de reproduction réservés pour tous pays.
Toute reproduction, même partielle, de cet ouvrage est interdite.
Une copie ou reproduction par quelque procédé que ce soit, photographie,
microfilm, bande magnétique, disque ou autre, constitue une contrefaçon
passible des peines prévues par la loi du 11 mars 1957
sur la protection des droits d'auteur.

A Simone Droguet

NOTES
PRÉLIMINAIRES

LES «ENTRETIENS»:
L'HISTOIRE D'UNE HISTOIRE

Avant de travailler avec lui, je connaissais très peu Hergé. Tout au plus, une ou deux rencontres, ici ou là, et sans conséquences. Mais vous allez voir comme les choses se font bizarrement, et là où on les attend le moins...

Un jour de l'an 1971, j'étais à Bruxelles en train d'amasser de la matière pour *Les Cahiers de la bande dessinée,* nanti de tout l'arsenal du «parfait petit interviewer» — magnéto, cassettes, appareil photo, papier, crayons, etc. Une envie me prit, subitement, d'aller audacieusement trouver le cher grand homme et de lui proposer, sans vergogne, avec l'inconscience de la jeunesse, de le soumettre longuement à la question, en vue, pourquoi pas? d'en tirer un livre d'entretiens.

Hergé, qui était fort aimable, attentif, curieux, accepta sans conditions et même avec un certain enthousiasme.

J'ai su, bien plus tard, que je lui avais plu et que l'insolite même de ma démarche l'avait séduit.

Nous nous mîmes à l'œuvre sans tergiverser. Entre le 20 et le 26 octobre 1971, chaque jour, nous avons passé de longues heures ensemble, soit chez lui, soit aux Studios de l'avenue Louise.

Nous bavardions, sans plan, sans retenue, comme de vieux copains; la machine enregistrait en silence. Elle enregistra *douze heures* de dialogue ininterrompu!...

Plus tard, le 27 janvier 1972, possesseur de cette solide cargaison d'enregistrements, je suis retourné à Bruxelles poser les ultimes questions et régler les multiples détails en suspens.

De là naquit une solide affection, aussi bien avec Georges qu'avec Fanny; affection jamais démentie jusqu'à la mort de Georges, et même au-delà...

La première édition du livre parue en 1975 — sous le titre de *Tintin et moi, Entretiens avec Hergé* —, j'ai senti la nécessité de le remettre à jour puisque les *Picaros* était sorti entre-temps. Profitant d'un séjour de Georges et Fanny dans le Midi, le 5 mai 1976, nous avons passé la journée à mon domicile de Cagnes-sur-Mer, à rajouter un important chapitre d'entretiens qui achevait définitivement (hélas!) la «confession» d'un homme à propos de son œuvre. C'est ainsi que naquit la deuxième édition du livre en 1983, rebaptisé simplement *Entretiens avec Hergé*. En effet, à l'usage, l'intitulé *Tintin et moi* avait entraîné une confusion dans l'esprit des lecteurs: ils pensaient généralement que «moi» désignait Numa Sadoul, alors qu'il s'agissait bien sûr du «moi» d'Hergé. Entre-temps, des extraits en étaient parus en 1971 dans le n° 14-15 des *Cahiers de la bande dessinée,* puis dans sa réédition de 1978.

Voilà pour l'histoire platement chronologique de l'aventure. Pour le reste, c'est-à-dire pour l'essentiel, je conserve le souvenir de moments merveilleux, surréalistes, inégalables. Des moments de parfaite harmonie, de complicité totale. Hergé, l'homme secret, l'homme à mystère, Hergé se fit disert, volubile, sincère. Il joua si bien le jeu qu'il consentit à tout me dire, ou presque tout, y compris sur les questions les plus secrètes: la séparation d'avec Germaine, l'aventure avec Fanny, la psychanalyse, les rêves torturés, l'athéisme, les accointances plus ou moins avouées avec la droite belge, etc.

C'est ensuite que les ennuis débutèrent. Quand j'envoyai à Hergé le premier jet du texte et qu'il se mit à travailler dessus, l'enfer commença: à force de perfectionnisme, réécrivant tout, revenant sur les acquis, repartant sans cesse à zéro, peaufinant les idées, ciselant le style, il lui fallut bien *trois années* pour me livrer un manuscrit bon à imprimer! Outre le premier jet, je possède donc en archives deux moutures successives largement annotées par Hergé, et je puis attester qu'il travaillait encore avec acharnement sur le texte avant impression!

Je livre, ci-joint, l'exemple d'une page de la deuxième mouture abondamment corrigée de la main du «maître»...

Inutile d'ajouter qu'entre-temps, celui-ci s'était un peu autocensuré. Ainsi, les passages «familiaux» disparurent — Georges ne souhaitait pas entraver la bonne marche de sa procédure de divorce — et les réponses politiques furent nuancées pour ne pas donner d'Hergé l'image d'un personnage trop

H : Pourquoi ? Mais parce que ça me plaît, parce que, quand je travaille, je m'amuse. Tous mes " Tintin ", je les ai toujours faits pour m'amuser, pour me faire plaisir à moi-même. Ce qui est vrai, c'est que je travaille actuellement à un rythme beaucoup plus lent qu'autrefois et que je prends aussi le temps de vivre... je me suis mis à voyager, de par le monde, surtout cette année.

S : Est-ce un besoin inconscient de fuir qui vous pousse loin de votre studio ?

H : Il y a de ça, certainement : un besoin de filer un peu, d'échapper à ce labeur, à cet esclavage...

S : Ce n'est pas pour " en vivre ", comme on dit, que vous le faites encore ?

H : Eh bien ! non. Si je voulais, je pourrais m'arrêter. Et légitimement, d'ailleurs, puisque j'ai presque l'âge de la retraite !...

S : Est-ce pour ne pas décevoir les gens, vos lecteurs, vos collaborateurs ? Après Vol 714, le bruit a couru - un bruit de plus sur votre compte ! - que vous alliez vous retirer et vous consacrer à la décoration de votre château!...

H : C'est amusant, mais ce n'est pas vrai !... Non, il y a sans doute que je ne suis pas seul engagé dans cette aventure...

S : Le travail pourrait-il se faire sans vous ?

H : Sans moi ? Sincèrement, je ne le crois pas. Il y a, certes, des quantités de choses que mes collaborateurs peuvent faire sans moi et même beaucoup mieux que moi. Mais faire vivre Tintin, faire vivre Haddock, Tournesol, les Dupondt et les autres, je crois que je suis seul à pouvoir le faire : Tintin (et tous les autres) c'est moi, exactement comme Flaubert disait : " Madame Bovary, c'est moi " ! " Tintin ", ce sont MES yeux, MES sens, MES poumons, MES tripes !... C'est une œuvre personnelle, au même titre que l'œuvre d'un peintre ou d'un romancier : ce n'est pas une industrie ! Si d'autres reprenaient " Tintin ", ils le feraient peut-être mieux, peut-être moins bien. Une chose est certaine : ils le feraient AUTREMENT et, du coup, ce ne serait plus " Tintin " !...

S : Vous avez tout à fait raison et je pense que vous êtes arrivé à faire admettre cela par vos lecteurs. " Tintin " n'est pas une SERIE ordinaire de Bande Dessinée : c'est une ŒUVRE qui restera liée à jamais à votre nom... Lorsque vous êtes venu à Nice, un collaborateur des éditions Casterman m'avait fait la remarque suivante : " Tintin est réellement pour Hergé l'enfant qu'il n'a pas eu "...

H : C'est possible : je l'ai élevé, protégé, nourri... Malgré tout, je crois être assez adulte pour pouvoir me passer d'enfant adopté. Je n'en ai pas BESOIN, au moins !...

S : Et vous avez besoin de votre travail ?...

H : Non, je n'ai plus besoin, parce que, justement, je suis devenu plus adulte...

réactionnaire (il avait d'ailleurs raison). D'autre part, notre éditeur ajouta son grain de sel, exerçant notamment une censure au sujet des rapports d'Hergé avec la religion: il n'était pas bon pour «l'image de marque» que l'on sût qu'il fut non-croyant!...

Voilà pourquoi les deux livres précédemment publiés ne constituaient pas les textes originaux et intégraux. Voilà pourquoi j'ai décidé, en accord avec l'éditeur et Fanny Remi, de proposer aujourd'hui la version entière et authentique des *Entretiens;* l'édition «définitive», enfin! Les ajouts ne trahissent aucunement Hergé: je n'ai fait que reprendre des bribes et passages supprimés entre la dernière mouture et les épreuves d'imprimerie, des lignes dûment avalisées par Hergé lui-même mais coupées en dernière minute, soit par manque de place (en 1975, le papier nous était compté!), soit sur la pression de l'éditeur, soit par des scrupules certes honorables alors mais aujourd'hui rendus caducs par un tas de «révélations» récentes (notamment dans *Hergé, portrait biographique* de Sterckx et Smolderen). Vous verrez du reste que ces coupures apparaissent bien innocentes, rétrospectivement...

Mais ces semaines passées ensemble regorgèrent d'anecdotes amusantes, étonnantes, intéressantes, dignes d'être évoquées ici. Par exemple, l'incontournable cérémonie quotidienne du thé pris en commun avec les membres des Studios. Alors, Hergé, Bob De Moor, Baudouin van den Branden laissaient éclater leur vieille complicité en mille gags, calembours, jeux rituels. On y racontait de bonnes blagues, pas toujours très fines, des histoires à la limite du commérage, et c'était toujours un instant de vif plaisir! C'est là que j'appris entre autres qu'Hergé avait inventé une formule tout exprès pour moi. Il avait été à demi choqué par mon récit *Mémoires d'un pornographe*, paru chez Régine Deforges, et il en avait tiré une formule: «Vicieux comme Numa Sadoul». C'était le pléonasme absolu inventé par Hergé à mon intention!

Autre exemple cocasse, peu après la parution des *Entretiens* première version. Je retrouve Georges à Genève, pour une émission de télé en compagnie de Nicolas Peyrac, Micheline Dax et quelques autres. Ce jour-là, il y avait une grosse manifestation antifranquiste dans la cité helvétique. En nous rendant au restaurant, avant le tournage, nous fûmes pris dans une véritable émeute; et nous allâmes déjeuner trempés jusqu'aux os, fourbus, moulus et gorgés de gaz lacrymogène, parce que les flics utilisaient des lances à incendie pour projeter le poison sur la foule en délire!...

Je revenais souvent à Bruxelles, dans le but de réunir une iconographie que je voulais rare, et pour une bibliographie que je souhaitais exhaustive. M'accordant une confiance illimitée — ce dont je lui serai éternellement reconnaissant — Hergé m'avait confié toutes les clés des Studios. J'étais donc chez lui comme chez moi! J'y séjournai souvent, seul, durant la nuit, à l'heure calme où nul ne dérange le fureteur qui peut tranquillement fouiller à fond les tiroirs, les armoires, les coffres, compulser les dossiers les plus secrets, bref, s'adonner sans restriction au labeur de fourmi qui guide sa tâche.

C'est ainsi que je fis des trouvailles bizarres. Dans le placard à balais des WC, je découvris, roulé derrière un indescriptible désordre, un énorme paquet de planches originales: celles de *Tintin au pays des Soviets*, pas moins que ça! Il y avait belle lurette qu'on les croyait perdus, ces trésors, ces incunables; nul avant moi n'avait songé à mettre son nez, si j'ose dire, du côté des serpillières et des seaux hygiéniques!

J'en profitai pour m'atteler à une tâche aussi surhumaine que celle à laquelle je m'étais attaché: mettre un semblant d'ordre dans les archives graphiques des Studios. J'ai donc passé de longues heures nocturnes à reclasser planches, esquisses, dossiers divers, lesquels se trouvaient alors dans un état proche de l'anarchie.

Si les Studios, puis la Fondation Hergé ont pu acquérir une certaine organisation, une certaine rationalité dans le classement, j'imagine que c'est un peu à moi, en toute modestie, qu'ils le doivent!

Je voulais, primo, mener à bien mes *Entretiens* qui seraient la «somme», la référence obligée de toute hergéographie future, et secundo, exhumer le maximum d'illustrations peu ou pas connues, et les dieux savent qu'il y en avait des quantités! Par là même, et sans excessive forfanterie, je puis me flatter d'être à la source du phénoménal mouvement qui a suivi, aussi bien dans l'édition d'ouvrages consacrés à Hergé que dans la prolifération des clubs et associations, ou dans la publication forcenée d'iconographies plus ou moins rarissimes. En outre, mon livre a été largement «pillé» plus qu'à son tour. Mais, ça, c'est probablement la «rançon de la gloire».

HERGÉ: L'HOMME ET L'ŒUVRE

Avec Hergé le tout premier sans doute, la bande dessinée d'expression française devint un genre universel, moyen-terme original et autonome entre le dessin et l'écriture. Avec lui encore, elle rejoignit pour la première fois, et sans s'y soumettre, la littérature réputée «noble» par quelques pauvres en esprit (qui monopolisent le royaume des Cieux, c'est bien connu). Dans *Les silences du colonel Bramble,* récit écrit en 1921, André Maurois raconte ainsi la première chasse au lion de son «Padre»:

«(...) Une demi-heure avant minuit, j'entendis un bruit de branches cassées et au-dessus d'un buisson apparaît la tête du lion. Il nous avait sentis et regardait de notre côté. Je le mets en joue et tire; la tête disparaît derrière le buisson, mais au bout d'une minute remonte.
» Un second coup: même résultat. La bête, effrayée, cache sa tête, puis la dresse à nouveau. Je restais très calme: j'avais seize coups à tirer dans mes différents fusils. Troisième coup: même jeu. Quatrième coup: même jeu.
» Je m'énerve, je tire plus mal, de sorte que, après le quinzième coup, l'animal redresse encore la tête.
» — Si toi manquer celui-là, me dit le nègre, nous mangés.
» Je respire profondément, je vise soigneusement, je tire. L'animal tombe... Une seconde... deux... dix... il ne reparaît pas. J'attends encore un peu, puis, triomphant, je me précipite suivi de mon nègre, et devinez, messiou, ce que je trouve derrière...
» — Le lion, Padre.
» — Seize lions, *my boy...*»

Neuf ans après, dans *Tintin au Congo* (pp. 15-16), Hergé dépeint

exactement — mais naturellement de façon plus imagée — la même aventure, remplaçant toutefois les seize lions de Maurois par quinze antilopes davantage comestibles...
Cela dit, et je ne reviendrai plus sur ce sujet, l'intérêt de la B.D. est que justement, il s'agit d'un genre irréductible, ne pouvant être mis en balance, ni avec la littérature écrite, ni même avec l'art pictural ou le dessin. Et c'est avant tout à Hergé que nous en sommes redevables: le premier en Europe — même au-dessus de Saint-Ogan, l'excellent précurseur —, il a sorti la B.D. des ornières de la culture, il a façonné les fondations d'une forme d'expression qui atteint aujourd'hui des hauteurs bien réconfortantes. Dans l'œuvre d'Hergé et dans l'évolution de sa personnalité, il y a deux charnières:

— 1934, année du *Lotus bleu*, où l'auteur fait la connaissance de Tchang, le révélateur de ses possibilités cachées. Avant cette date, et selon son propre aveu, Hergé n'était *rien*. Et tout évidemment, Tchang figurera dans l'œuvre.

— 1958, année de *Tintin au Tibet*, où, à la faveur d'une crise psychologique,Hergé s'aventure plus profondément en lui-même et s'extirpe du ventre d'autres ressources enfouies. Une fois encore, Tchang sera dans l'histoire, hommage rétroactif au bonheur d'une première initiation.

A partir du *Tibet*, Hergé fera de chaque nouvel épisode un approfondissement de sa prise de conscience. En passant par cette géniale introspection qu'est *Les bijoux de la Castafiore*, où la B.D. bondit hors de ses limites, éclate, se détruit elle-même, renaît plus belle encore de ses cendres.
L'artiste véritable est un homme ivre qui tente d'enlacer son reflet dans un miroir déformant. Avec *Les bijoux*, Hergé renouvela le geste et frôla le reflet rétif. Heureusement, il ne parvint pas à le saisir! Sinon, nous eussions été privés du reste: avec la parfaite connaissance de soi — c'est évident — l'homme n'a plus rien à dire aux autres.

Au fond, toute l'œuvre d'Hergé tend à ce seul but, que l'on juge ironiquement quand il s'agit de «petits Mickey»: se découvrir tel qu'il est réellement, hors du miroir, atteindre au semblant d'équilibre qu'un créateur peut espérer trouver ici-bas.

C'est dire la grandeur, la variété, la prodigieuse richesse d'une telle œuvre. Hergé est pareil à tant d'autres démiurges en ce qu'il projette son ombre à travers ses créatures, les chargeant inconsciemment de répondre aux questions qu'il se pose. Un peu comme Wotan façonne l'image d'un Siegfried super-libre afin d'accomplir, par personne interposée, l'achèvement de son Grand Œuvre, Georges Remi anime un Tintin apparemment sans entraves, espérant en secret qu'il saura lui rapporter le baume salvateur, au terme d'une quête de cinquante ans aux quatre coins du monde.

Mais ce n'est pas si facile. Il faut lutter sans relâche: avec les autres, avec ses propres enfants, avec soi-même, avec cette réalité au fond de l'âme qui ne demande qu'à retourner en son quiet néant. Hergé connaît le trouble d'une création insatisfaite; il se bat avec les ombres issues de lui, ombres rebelles, éléments d'un puzzle choisissant de s'assembler n'importe comment.
D'où le déséquilibre latent, propre à bien des créateurs. D'où l'angoisse. D'où cette aspiration au salut qui est l'un des fondements du monde hergéen.

Vous êtes-vous jamais demandé pourquoi les «Aventures de Tintin» sont dans le fond contestataires (n'en déplaise à la bonne conscience dénigrante de certains détracteurs aux jugements et à la lecture assez hâtifs)? Je ne parle pas ici de la faible production qui précède *Le Lotus bleu* et dont l'auteur lui-même nous dira tout à l'heure le peu de fierté qu'elle lui inspire. Non, je parle de la grande, belle et forte série qui commence avec *Le Lotus* et trouve son couronnement avec *Tintin et les Picaros*.

Eh bien, tout simplement, parce que Tintin nous apprend à défendre des «valeurs» peu orthodoxes: celles du libre-arbitre contre les oppressions politico-économico-guerrières, celles de l'amour et de la fraternité, de la paix, contre l'effroyable pollution du bourrage de crâne.

Parce que Tintin s'attaque vertement — témérairement — aux moulins à vent de l'inertie établie, à la surpuissante dictature de la «phynance», des bons sentiments, de l'armée, des flics à matraques, de tous les pourris, les vendus, les truqueurs qui règlent la marche du monde. Parce que Tintin s'oppose aux «combinazione» des sociétés secrètes qui ont nom: État, Religion, Travail, Famille, Patrie...

Parce que Tintin exalte l'abolition des frontières raciales, sociales, idéologiques, barrières arbitrairement mises là par la réaction du cœur et le capitalisme de l'esprit, fussent-ils de «gauche», de «droite», du «centre» ou du trente-sixième dessous.
Parce que Tintin vomit l'inégalité, l'injustice et la violence (oh! bien sûr, il est «boy-scout», mais c'est un moindre mal, en l'occurrence!).

Curieux personnage. Passionnant bonhomme. Il était surprenant, cet être qui allait jusqu'à excuser — avec un sourire complice — les bandits de son histoire, cherchant des raisons, des justifications à leur destin de méchants: «Pauvre type, comme il a dû souffrir pour en arriver là!», voilà tout ce qu'Hergé trouve à dire pour qualifier le répugnant Rastapopoulos...
Il fallait le voir lorsqu'il parlait: c'était un bien fascinant tableau. Alors, vous auriez vu un acteur, un mime, un homme-spectacle en pleine possession de sa maturité, de son talent, sûr de son incontestable séduction, usant d'elle avec un art consommé de la comédie. Un élégant gentleman, grisonnant et juvénile, sachant plaire et heureux de plaire. Un charmeur qui jouait avec aisance de toutes les ressources de son physique, de son intelligence extrêmement vive, de sa sensibilité extrêmement aiguë. Lorsqu'il parlait, il n'était pas loin de «danser» ses propos; quand il imitait quelqu'un ou quand il décrivait une scène vécue, c'était un régal que de le voir, de l'entendre. Il eût été un tantinet «Latin» sur les bords que cela ne me surprendrait guère: tout en lui était mouvement, vie intense, sourire. Avec sa façon bien à lui de jauger les êtres, de les deviner, de se donner à eux, tantôt en entier, tantôt avec parcimonie, avec cette perpétuelle étincelle dans le regard, qui les radiographiait...

Mais il est temps de conclure et de dresser un partiel bilan des entretiens que vous allez lire.
De cette confrontation, il me paraît ressortir qu'Hergé était un homme extraordinairement *libre* et désireux de le rester. A l'écart de tous préjugés et de toutes étiquettes, en marge de tout enrôlement pour de futiles mirages. Il n'aimait pas se réduire à l'esclavage, cet individualiste forcené, et encore moins qu'on le rende esclave de quoi que ce fût.
Bien sûr, Hergé avait des défauts, comme tout le monde. De petits vices inavoués. De grosses faiblesses reconnues. Loin de moi

l'idée de vouloir le présenter comme un grand frère de Tintin!...
D'ailleurs, Tintin et sa vertu, Tintin et sa perfection, vous lirez en
page 253 ce qu'en pense son «papa»...

Des défauts, nous aurons l'occasion d'en croiser quelques traces
au fil des pages. De toute façon, il ne demandait aucunement
l'absolution de ses semblables: s'accepter, je veux dire s'accepter
«être humain», cela implique ne plus chipoter sur les détails.
S'accepter «non-héros», c'est le faire globalement. Se regarder
tout nu, regarder ensemble et du même œil le beau et le vilain.
Ainsi, Georges Remi s'était accepté.

C'est peut-être pour tout cela qu'il était à ce point tolérant, lucide,
désireux de connaître son prochain, de le comprendre. D'une
simplicité désarmante, parfois. Sans doute y avait-il en lui un boy-
scout qui ne sommeillait pas tout à fait. Mais il n'en était pas
moins doué d'une rare faculté de s'émerveiller, de s'étonner
toujours, de connaître l'enthousiasme. C'est cela, je présume, la
jeunesse...

Georges Remi à deux ans;

avec son frère;

scout à vingt ans;

en militaire.

BIOGRAPHIE D'HERGÉ

22 mai 1907 — Naissance à Etterbeek (commune de l'agglomération bruxelloise) de REMI Georges. D'où, plus tard, le pseudonyme R.G.: HERGÉ.

Signe astrologique: Gémeaux, ce qui marquera profondément la psychologie et le caractère du personnage: celui-ci est compréhensif et indulgent, généreux mais réservé, curieux, pondéré, enthousiaste mais prudent, prévoyant, méticuleux à l'extrême, ouvert à la discussion mais non polémiste, soucieux de peser le «pour» et le «contre» des événements...

Dès ses plus jeunes années, ses parents n'ont qu'un moyen de le faire tenir tranquille: lui donner un crayon et du papier.

Hergé: comment je suis venu à la bande dessinée
premier tableau

J'ai été, paraît-il, un enfant insupportable. Et je l'étais particulièrement lorsque mes parents m'emmenaient avec eux en visite. Aussi avaient-ils mis au point deux méthodes, très différentes l'une de l'autre, pour m'obliger à me tenir convenablement dans le monde.

La première de ces méthodes, c'était tout bonnement la fessée préventive! Ce qui, a posteriori (si j'ose dire!), me révolte encore quand j'y pense!... Mais on m'a assuré que ce système n'avait été utilisé que dans une ou deux circonstances exceptionnelles!

L'autre méthode au contraire, d'un usage plus courant, consistait me donner, aussitôt arrivé, un crayon et du papier. Je m'en emparais avidement et, pendant des heures, c'était le calme et le silence garantis... Ainsi, voyez-vous, naissent les vocations!...

Mais je frémis en songeant que, si mes parents n'avaient utilisé que la première méthode, je ne serais peut-être pas devenu dessinateur mais plutôt, la fonction créant l'organe, et vice-versa, rond-de-cuir!...

1914 à 1918 — École communale N° 3, à Ixelles (autre commune de Bruxelles). Georges dessine dans le bas de ses cahiers les aventures d'un petit garçon aux prises avec les Allemands (qui occupaient la Belgique). Héros sans nom, histoires sans textes. Le jeune Remi était hanté par l'idée «enfant héroïque»; il lisait et relisait, parfois à voix haute, comme une incantation, la notice du Petit Larousse sur Joseph Bara, illustrée d'une gravure où l'on voit le jeune garçon, sommé par les Chouans de crier «Vive le Roi!», répondant par le cri de «Vive la République!» et tombant percé de coups.

Hergé: comment je suis venu à la bande dessinée
deuxième tableau

Se situe pendant la Première Guerre mondiale. J'ai 7 ou 8 ans et je suis à l'école communale. Et je me revois dessinant dans mes cahiers. Mais pas dans les marges, pas n'importe où: dans le bas des pages, horizontalement. Horizontalement, oui, déjà! Comme dans la B.D., qui est cependant loin d'être à l'ordre du jour... Et qu'est-ce que je dessine?

Eh bien! tout simplement les aventures d'un jeune garçon qui joue mille tours à l'armée allemande. A-t-il jamais eu de nom, ce jeune héros? Je l'ignore. Parlait-il (je veux dire au moyen de ballons)? Je n'en ai pas le moindre souvenir. Y a-t-il eu beaucoup de ces histoires? Je l'ignore également, car ni mes parents ni moi-même n'avons conservé aucun de ces cahiers. Tout ce dont je suis sûr, c'est que c'étaient des histoires en images.
Il n'y a pas très longtemps que j'ai fait le rapprochement entre ces gribouillis et les histoires de Tintin qui, quinze ans après, allaient voir le jour: c'est depuis mon enfance que j'aimais raconter des histoires et que je les racontais en dessins.

Parfois, l'instituteur, me voyant occupé à griffonner et me croyant distrait, m'interpellait brusquement: «Remi!... Répétez donc ce que je viens de dire!» Et déjà il ricanait méchamment dans sa barbe (que la plupart des instituteurs dignes de ce nom portaient encore en ce temps-là). Mais son visage exprimait généralement un profond étonnement lorsque, tranquillement, sans hésiter, je répétais ce qu'il venait de dire. Car, si je dessinais d'une main, eh bien, j'écoutais attentivement de l'autre!...

1918-1919 — École N° 11, préparatoire à l'Athénée (Lycée).
Élève médiocre durant cette année, dont il ne reste à Hergé qu'un souvenir marquant. L'anecdote mérite d'être rapportée, telle qu'il la raconte lui-même:

Hergé: comment je suis venu à la bande dessinée
troisième tableau

Notre professeur de dessin se nommait Stoffijn (nom flamand qui signifie «Fine-poussière» et c'est ainsi que nous l'appelions). Il nous avait donné pour sujet de concours le dessin d'un iris et celui d'une grille en fer forgé: mon iris et ma grille à moi n'obtinrent pas la moitié des points...

Mais j'allais prendre ma revanche! On était en 1919 et, à l'occasion de l'anniversaire de l'Armistice, je composai au tableau noir une fresque patriotique: dans une débauche de craies de couleurs, les soldats belges flanquaient une solide raclée à l'armée allemande. J'ose dire que l'effet fut énorme, même et surtout auprès de M. Stoffijn. Il me dit: «Remi, je vais revoir vos dessins du concours»...

Il les revit donc, mais — les ayant revus — il ne put, la mort dans l'âme, que confirmer sa cote initiale: pas la moitié des points!... Décidément, j'étais plus doué pour les «petits bonshommes» que pour des fleurs ou pour le fer forgé!...

1920 à 1925 — Georges Remi accomplit ses «humanités modernes», c'est-à-dire ses études secondaires au collège Saint-Boniface, établissement archiépiscopal (les professeurs en sont des abbés) situé à Bruxelles.
Excellent élève, presque abonné à la place de premier. Sauf en dessin: toujours pas la moitié des points!

Hergé: comment je suis venu à la bande dessinée
quatrième tableau

*Sur les conseils du patron de mon père, homme très bien
pensant, on m'a retiré de l'école-sans-Dieu et on m'a mis au
collège Saint-Boniface. Et là, on m'a poliment mais fermement
prié de quitter les «Boy-Scouts de Belgique» (scouts sans Dieu,
eux aussi) dont je faisais partie depuis deux ans, pour adhérer à
la Fédération des Scouts catholiques... Déchirement de quitter
ses chefs, ses amis. Sentiment de trahison. Peu de temps après —
est-ce pour le prix de cette trahison? —, je suis nommé chef de la
patrouille des Écureuils. Et mon tic me reprend: raconter des
histoires en images. Seulement, cette fois-ci, comme je suis scout,
c'est une histoire de scout que je raconterai à des scouts dans
une revue scoute,* Le Boy-Scout belge. *Et ça devient* Totor, C.P.
des Hannetons. *Ce n'était pas encore vraiment de la bande
dessinée, mais du texte illustré ou, si l'on préfère, des dessins
avec légendes. Mais de temps en temps, tout de même, je risquais
un timide point d'interrogation, ou bien quelques étoiles lorsque,
par exemple, un personnage recevait un coup de poing. Je devais
avoir vu ça dans* L'Épatant *ou dans* Les Belles Images, *l e s
illustrés de l'époque...*

1925 — Après ses études, Georges entre au journal quotidien *L e
XXᵉ Siècle* comme employé au service des abonnements.
Il continue à fournir au *Boy-Scout belge* les planches de *Totor.*

Hergé:
lectures de jeunesse

Hector Malot (Sans famille), *la comtesse de Ségur — mais
uniquement* Le général Dourakine *— , les* Fables *de La Fontaine
illustrées par Benjamin Rabier,* Roi et paysan, *d'un auteur
inconnu illustré par un autre inconnu...
Plus tard,* Les trois mousquetaires, *un recueil d'images
d'Épinal...
Et Jules Verne?... Jules Verne, néant.*

1926 — Ses parents décident de lui faire suivre des cours de
dessin. On le présente à l'école Saint-Luc où, sans aucune
indication, il est mis devant un chapiteau corinthien en plâtre... on

ne revit plus jamais l'élève Remi à Saint-Luc, cet élève dont l'idée fixe était toujours de dessiner des «petits bonshommes»!...

Parenthèse:
Hergé et le scoutisme

Georges Remi est scout de 1918 à 1930, d'abord chez les «Boy-Scouts de Belgique» (troupe philosophiquement «neutre»), ensuite à la troupe catholique de son collège, Saint-Boniface. Il y sera chef de patrouille des Écureuils. Son totem: Renard curieux. Camps fixes en Belgique; camps itinérants en Espagne, Autriche, Suisse, Italie. Georges reconnaît bien volontiers avoir été profondément marqué par le scoutisme. Plus spécialement, de la mode scoute du «peau-rougisme», il lui restera toute sa vie une sympathie particulière pour les Indiens d'Amérique. Il est d'ailleurs amusant de noter qu'il a un peu le visage d'un Grand Sachem... Totor, C.P. des Hannetons *débute en juillet 1926 dans* Le Boy-Scout belge, *sous la signature qui sera désormais celle de Georges Remi: Hergé.*

1926-1927 — Service militaire, au 1er régiment de chasseurs à pied.
Le soldat, puis caporal, puis sergent Remi dessine toujours *Totor;* en outre, il donne à l'abbé Desmedt des illustrations pour les publications de l'Action catholique (A.C.J.B.).

1927 — Retour au *XXe Siècle,* dont le directeur, l'abbé Norbert Wallez, le pousse à lire, à s'instruire, à se cultiver. Surtout, il lui confie des responsabilités: photographe, aide-photograveur, mais aussi dessinateur. Pour les suppléments du journal — artistique et littéraire, féminin... —, le jeune Hergé fait du lettrage, de la décoration, des plans, des cartes, des portraits, des illustrations, etc.

1928 — Le jeudi 1er novembre, sortie du premier numéro du *Petit Vingtième* que le journal offrira désormais chaque semaine à ses jeunes lecteurs: Hergé s'en voit confier l'entière responsabilité par l'abbé Wallez. Sur un scénario d'un rédacteur sportif de la maison, nommé Desmedt comme l'ecclésiastique précité, il dessine *Les aventures de Flup, Nénesse, Poussette et Cochonnet,* ce qui ne le ravit pas outre mesure...

Dans le même temps, tombant sur des journaux apportés du Mexique, il y découvre les comics américains. Autre découverte importante: celle d'Alain Saint-Ogan et de son «Zig et Puce».
Cette année-là encore, fiançailles de Georges avec Germaine Kieckens, secrétaire de l'abbé Wallez.

10 janvier 1929 — Début, dans le n° 11 du *Petit Vingtième, de Tintin au pays des Soviets:* Hergé crée son personnage pour échapper au scénariste de *Flup, Nénesse...,* et nul ne s'en plaindra!

Hergé: comment je suis venu à la bande dessinée
cinquième (et dernier) tableau

Décor: Le XXᵉ Siècle, *journal catholique; tirage journalier: une dizaine de milliers d'exemplaires.*
J'y étais entré en 1925, après mes études moyennes, comme employé au service des abonnements. Puis, de 1926 à 1927, j'avais fait mon service militaire, au cours duquel j'avais continué de dessiner Totor *pour* Le Boy-Scout belge. *Et puis en 1927, démobilisé, je suis retourné au* XXᵉ Siècle, *mais cette fois comme photograveur-photographe-dessinateur, etc.*
Le nouveau directeur, l'abbé Norbert Wallez, énergique, dynamique, entreprenant, très «curé de choc», venait de créer un supplément artistique et littéraire dont je suis devenu le dessinateur tous terrains: frises décoratives, titres dessinés, illustrations, plans, cartes, graphiques, paysages d'après cartes-vues illustrées, portraits au trait extraits du Larousse Illustré: tout, je faisais absolument tout!
En même temps, je découvrais — par l'intermédiaire de journaux mexicains! — les comics américains: «Bringing Up Father» («La famille Illico») par Geo Mac Manus, «Krazy Kat», «The Katzenjammer Kids» et bien d'autres... Pour donner une nouvelle vie à son journal, l'abbé Wallez eut alors l'idée de lancer un supplément hebdomadaire illustré pour enfants: une page du journal pliée en quatre. Sur ma bonne mine et sur la foi de mon Totor, *je suis nommé rédacteur et dessinateur en chef du* Petit Vingtième, *mais j'étais tout seul et je n'avais personne sous mes ordres...*
Dès le premier numéro, j'ai commencé à illustrer (de façon déplorable!) un récit fantaisiste mais consternant, œuvre d'un rédacteur du journal: Les aventures de Flup, Nénesse, Poussette

«Bringing Up Father» 1938, extrait.

1930: retour triomphal de Tintin du pays des Soviets.

Tchang Tchong Jen en 1935.

Hergé en 1933.

et Cochonnet. *Très vite, j'ai trouvé cette histoire assommante et, dès qu'elle a été terminée, j'ai décidé d'en créer une moi-même. C'est donc pour éviter d'illustrer un texte que je trouvais mortellement ennuyeux que j'ai créé «Tintin». Et c'est là que, pour la première fois, comme dans les bandes dessinées américaines, le texte et l'image se sont mutuellement complétés pour former un langage nouveau.*
Le 10 janvier 1929, Tintin et Milou quittaient Bruxelles (sur le papier) à destination de la Russie bolchevique: ils commençaient ainsi la première de leurs aventures, aventures qui allaient m'emmener à leur suite pendant plus de cinquante ans!

1930 — Jeudi 23 janvier: première apparition de «Quick et Flupke».
Jeudi 8 mai: retour triomphal de Tintin, «venant de Russie», à la gare du Nord de Bruxelles. Le reportage du *Petit Vingtième* (titre modernisé) dit notamment: «Tintin et Milou acclamés comme des princes (...) L'énorme foule applaudit chaleureusement le discours que Tintin lui adresse du haut du balcon»... En dessous d'une photo, on lit: «On reconnaît à droite M. Georges Remi (Hergé), rédacteur en chef du *Petit Vingtième*...»
Cette même année 1930, l'hebdomadaire français *Cœurs vaillants* entreprend la publication de *Tintin au pays des Soviets,* mais commence à le faire en accompagnant chaque dessin d'une légende. Hergé proteste.

1931 — Mai: visite à Alain Saint-Ogan.
Jeudi 9 juillet: Tintin revient, non moins triomphalement, du Congo. Foule énorme devant la gare du Nord. Légende d'une photo publiée dans *Le Petit Vingtième:* «Voici Tintin et Milou accueillis par Quick et Flupke. Dix Congolais les accompagnent.» Sur d'autres photos, Hergé arbore — et il n'est pas le seul — un chapeau de feutre à large ruban.
Jeudi 3 septembre: à peine remis de ses émotions africaines, Tintin est déjà reparti, et ce sont *Les aventures de Tintin, reporter en Amérique.* Le souci de se documenter sérieusement commence à poindre chez Hergé, qui potasse l'*Histoire des Peaux-Rouges,* de Paul Coze.

1932 — Le 20 juillet: mariage de Georges et Germaine. Jusqu'à cette année-là, les trois premiers albums d'Hergé ont été publiés aux éditions du *Petit Vingtième*. A partir de maintenant, c'est Casterman seul qui les éditera.

Entre *Les cigares du pharaon* (qui sera remanié en 1954) et *Le Lotus bleu,* rencontre décisive: celle du jeune Chinois Tchang Tchong Jen. En poussant Hergé à s'informer sérieusement sur les pays où il envoie son héros, cet étudiant à l'Académie des Beaux-Arts de Bruxelles ouvre un monde nouveau à l'auteur de «Tintin»; lequel auteur se met à prendre son métier plus au sérieux.

1935 à 1940 — Se succèdent, à un rythme rapide et régulier, *L'oreille cassée, L'île noire* (suite à un voyage en Angleterre, première contrée où Hergé ait précédé Tintin), *Le sceptre d'Ottokar, L'or noir.* Ce dernier épisode interrompu par la mobilisation de Georges en tant que lieutenant de réserve; *Or noir* carrément remis à plus tard par la guerre.

1940 à 1946 — Au début de cette période, autre rencontre importante: celle d'Edgar Pierre Jacobs, qui va devenir le premier collaborateur d'Hergé et qui, notamment, redessinera les décors et les uniformes du *Sceptre d'Ottokar.*

A côté de ce premier collaborateur, une première collaboratrice: Alice Devos, qui va travailler pour Hergé durant plusieurs années (refonte de la mise en pages, mise au nouveau format et mise en couleur des anciens épisodes).

Car la guerre et ses restrictions de papier ont provoqué une révolution sur le plan de l'édition: Casterman doit réduire les albums d'Hergé à soixante-deux pages, ce qui entraîne la réduction du format des dessins. A titre de compensation, les albums passent du noir et blanc à la couleur. Premier album de ce style: *L'étoile mystérieuse* (1942).

Octobre 1940: Hergé est rédacteur en chef du *Soir Jeunesse,* supplément au quotidien bruxellois *Le Soir,* avec pour principal assistant Jacques Van Melkebeke, peintre, dessinateur et écrivain qui sera plus tard le premier rédacteur en chef de l'hebdomadaire *Tintin.*

Création du *Crabe aux pinces d'or,* de *L'étoile mystérieuse,* du *Secret de la Licorne,* du *Trésor de Rackham le Rouge,* des *Sept boules de cristal.* Au milieu de ce dernier épisode survient la Libération.

Conséquence de la pénurie de papier, cette fois au point de vue de

la création: d'être acculé à des «strips» quotidiens, bandes de trois ou quatre dessins dans *Le Soir,* a été pour Hergé, dit-il, une grande école de narration.
Autre grande expérience, consécutive à la Libération: la mise à l'index. Accusé d'avoir «kollaboré», Georges Remi est tenu à l'écart de toute publication.

26 septembre 1946 — Naissance de l'hebdomadaire belge *Tintin* et remontée d'Hergé à la surface. Premier succès d'éditeur pour Raymond Leblanc. Confirmation ou révélation de talents: Jacobs, Laudy, Cuvelier...
Début d'une marche triomphale pour un autre éditeur, celui des albums: les tirages (en couleurs) de Casterman commencent à grimper régulièrement vers le million d'exemplaires annuel, qui sera atteint en 1956.

1947 à 1966 — Dix histoires nouvelles, allant des *Sept boules de cristal* (continué dans *Tintin*) à *Vol 714 pour Sydney,* plus les remaniements des *Cigares du pharaon* et de *L'île noire.*

28 octobre 1948: parution de l'édition française de *Tintin,* publiée par Georges Dargaud.

1950 — Création de la société anonyme «Studios Hergé», où seront peu à peu réunis une dizaine de collaborateurs et collaboratrices.

1956 — Début de la liaison de Georges et de Fanny Vlamynck, coloriste aux Studios depuis 1952.

1959 — Parution du premier livre consacré à Hergé: *Le monde de Tintin,* par Pol Vandromme (Gallimard).

1960 — Georges découvre l'art abstrait et la peinture tout court, qui est devenue sa principale passion.
Période intense de voyages: Italie, Sicile, Corse, Sardaigne, Angleterre, Suède, Suisse, Danemark, Grèce, etc.
La séparation est effective entre Georges et Germaine.

1971 — Premier voyage aux U.S.A., où des contacts amicaux sont noués avec les Sioux de Pine Ridge (South Dakota):

cinquante ans après, Hergé renoue avec les Peaux-Rouges de ses débuts.

1972 — Avril: 1er Congrès de la B.D. à New York. Les grands dessinateurs américains ouvrent leurs bras au père de Tintin et lui rendent un hommage officiel.
Novembre: Hergé invité d'honneur au 8e Salon des Comics de Lucques (Italie).

1973 — Hergé lauréat du Grand prix «St-Michel», à Bruxelles, pour l'ensemble de son œuvre.
Mai: premier voyage en Chine, c'est-à-dire la réalisation de l'un des plus vieux rêves d'Hergé. Officiellement invité par le gouvernement de Tchang Kaï-chek depuis 1939, en remerciement des services rendus à la cause chinoise avec *Le Lotus bleu,* Hergé peut répondre à cette invitation avec seulement trente-quatre ans de retard...

1975 — Prix «Ardenne» remis à Hergé en avril, à l'occasion des «trente-six heures de la B.D.» de Neufchâteau, Belgique.
Parution de la première version des *Entretiens avec Hergé,* de Numa Sadoul (Casterman). Une deuxième édition aura lieu en 1983.
Divorce de Georges et Germaine.

1976 — Sortie de *Tintin et les Picaros:* succès public, accueil mitigé de la critique. Une fois de plus, c'est celle-ci qui a tort...
Le 29 septembre, inauguration de la statue de Tintin et Milou, réalisée par Nat Neujean et sise au Parc de Wolvendael, à Uccle, Bruxelles.
La même année, Hergé retrouve la trace de Tchang Tchong Jen, perdue depuis 1937 lorsque celui-ci était retourné en Chine et que la guerre les avait séparés. Devenu directeur de l'Académie des Beaux-Arts de Shangai, il avait un ami dont le frère séjournait à Bruxelles. Questionnant sans relâche les Chinois de Belgique, Hergé devait fatalement tomber sur ce dernier... Les liens sont donc renoués, par lettre seulement, en attendant de vraies retrouvailles.

1977 — Hergé reçoit la Médaille de vermeil de la Ville

d'Angoulême, à l'occasion du 4ᵉ Salon de la B.D. (janvier). Notons au passage qu'il est président de ce Salon depuis sa fondation en 1974.
Le 20 mai, mariage de Georges et Fanny.

1978 — Promotion au grade d'officier de l'Ordre de la Couronne, à Bruxelles. Hergé commence à travailler à un nouvel épisode, provisoirement intitulé *Tintin et les faussaires*.

1979 — L'année du cinquantenaire de la création de «Tintin» est marquée dans le monde entier par un grand nombre de manifestations brillantes. Entre autres:
— exposition itinérante «Le musée imaginaire de Tintin»;
— divers ouvrages, plaquettes, calendriers, etc.;
— médaille aux effigies de Tintin et d'Hergé, gravée par Gondard et frappée par l'Hôtel des Monnaies, Paris;
— timbre «Tintin» édité par les Postes belges, le 1ᵉʳ octobre (ainsi que diverses vignettes commémoratives publiées par le journal *Tintin*).
Le 17 janvier de cette même année, Hergé reçoit un «Mickey» de la Cⁱᵉ Walt-Disney. Cette statuette n'avait plus été offerte depuis la mort de Disney.

Eté 1980 — Premiers symptômes de la maladie de Georges: anémie, grande faiblesse. La leucémie sera diagnostiquée plus tard. Commence alors une longue et éprouvante série de transfusions régulières durant trois années.

1981 — Retrouvailles émues de Georges et de Tchang, le 18 mars, à Bruxelles. Cet événement donne lieu à diverses festivités et publications, et son retentissement est énorme.

1982 — Pour fêter dignement le 75ᵉ anniversaire de Georges Remi, la Société Belge pour l'Astronomie baptise «Hergé» une petite planète située quelque part entre Mars et Jupiter, et découverte par l'astronome Sylvain Arend en 1953... l'année même où *Tintin* publiait *On a marché sur la Lune!*

1983 — Le 3 mars, Georges Remi meurt à la clinique Saint-Luc, à Bruxelles, après une semaine de coma.
Parution du *Monde d'Hergé* de Benoît Peeters (Casterman).

1984 — Steven Spielberg prend une option sur les droits cinématographiques de «Tintin».
Début de la collection *L'œuvre intégrale d'Hergé* (Rombaldi), dont vingt volumes paraîtront jusqu'en 1988.

1986 — Publication posthume des esquisses intégrales de ce qui s'appelle désormais *Tintin et l'Alph-Art.*
Constitution de la Fondation Hergé, animée par Fanny Remi.

1988 — Le 31 août: inauguration de la station Stockel du métro de Bruxelles, décorée d'une double fresque murale à laquelle Hergé avait collaboré, puisque le projet datait de 1982.

Série de dessins pour un produit vitaminé «Magneshal»
(Le XXe Siècle, 1933).

Carte publicitaire pour les produits «Habi».

ENTRETIENS

PREMIÈRE RENCONTRE
AVEC HERGÉ

Sadoul — Vous revenez à l'instant des U.S.A.: que rapportez-vous de ce séjour?

Hergé — Un grand étonnement et beaucoup d'émerveillement: c'est un pays extraordinaire, où tout est gigantesque, neuf. A quelqu'un de jeune comme vous, je dis: c'est là qu'il faut foncer! Il n'y a pas à hésiter, c'est l'avenir!...

— Par rapport à *Tintin en Amérique,* qu'est-ce que c'est?

— C'est amusant: je ne connaissais pas encore les États-Unis, au moment de cette histoire. Lorsque j'y suis allé, récemment, j'ai visité Chicago. Et j'ai presque été déçu: car s'il y a toujours, semble-t-il, de la violence qui traîne dans les rues, je n'y ai pas rencontré le moindre gangster!

— A propos de gangsters, j'ai remarqué une remise en question de Rastapopoulos et d'Allan, dans *Vol 714 pour Sydney.* Un peu comme si vous régliez vos comptes avec eux...

— Non, je ne règle pas mes comptes: ils reviendront... peut-être... En tout cas, s'ils reviennent, ils seront toujours dangereux, fidèles à eux-mêmes. Seulement, j'ai eu très envie de m'amuser avec eux, de me jouer d'eux. Une farce, en quelque sorte. Ils ne sont pas détruits; je les ai un peu bousculés. Mais c'est peut-être pour leur bien... Et puis, ce Rastapopoulos, je ne peux pas m'empêcher de penser, en le voyant: quel pauvre type!

— Pensez-vous qu'il y a des sujets tabous?

— Je suis persuadé que les enfants d'aujourd'hui comprennent beaucoup de choses: les grands problèmes actuels ne doivent pas leur être cachés, car leur sensibilité s'est considérablement affinée par rapport à la sensibilité de la génération précédente. Ainsi, la drogue, la guerre, la politique, il faut leur parler de tout ça!... Déjà, dans *Tintin en Amérique,* je mettais le doigt sur le problème des Indiens exploités. Dans *Le Lotus bleu,* par exemple, je parle des «paradis artificiels»...

— Et la censure?

— Je n'ai pas d'ennuis avec la censure, excepté celle que m'imposent tacitement les parents, parfois les enfants eux-mêmes. Pour le reste, je me soumets évidemment à l'autocensure: je sais qu'il y a des limites à ne pas dépasser. Par exemple, je ne mettrais pas d'érotisme dans mes dessins. Cela n'est pas mon propos, d'ailleurs!...

— Le monde de «Tintin», qu'est-ce pour vous?

— C'est moi, moi sous toutes mes formes! Tintin, c'est moi quand j'aimerais être héroïque, parfait; Les Dupondt, c'est moi quand je suis bête; Haddock, c'est moi quand j'ai besoin de m'extérioriser.

— Lorsque vous avez créé «Quick et Flupke» n'y avait-il pas, dans le choix de ces noms, une réminiscence phonique de «Zig et Puce»?

— Tiens, je n'y avais jamais songé! C'est la première fois que l'on me pose cette question... Que dire? S'il y a des réminiscences pour les noms, ce n'est pas du tout conscient. D'ailleurs, les deux séries n'ont rien à voir.

— Depuis les *Soviets,* comment a évolué le personnage de Tintin?

— Il n'a pratiquement pas évolué. Sur le plan graphique, il est toujours une ébauche. Voyez ses traits: son visage est une esquisse, un schéma. Au contraire, le visage du capitaine Haddock est plus mobile, plus expressif. Il est le signe d'une vie bien plus intense.

— Sautons les années et parlons des *Bigotudos,* voulez-vous?

— Bon. Le titre n'est plus les *Bigotudos.* «Bigotudos» qui signifie moustachus pouvait faire double emploi avec les moustachus de Bordurie.

— «Par les moustaches de Plekszy-Gladz!»

— Exactement!... Je pense appeler maintenant cet album *Tintin et les Picaros.* Les «Picaros» sont des espèces de sympathiques mauvais garçons, et j'ai choisi ce mot en raison du côté «picaresque» de l'aventure... Mais je ne puis pas du tout avancer de date de parution. Rien n'est encore définitif, tout peut changer... Je ne me presse pas, vous comprenez!

— Vous ne vous pressez plus depuis bien longtemps!

— C'est devenu ma façon de travailler! Vous savez, je ne travaille pas pour l'argent, mais pour le plaisir, vraiment. Si l'on se force, ce n'est plus un plaisir.

— Avez-vous d'autres projets à long terme quand vous travaillez à une histoire?

J'ai parfois de vagues idées passagères, c'est tout. Je ne travaille jamais sur plusieurs histoires en même temps. Rien ne me viendra avant d'avoir complètement achevé les *Picaros.*

— Cela fait plusieurs années, déjà...

— Oui, je sais, les *Picaros,* il y a des années que cela mûrit; il en viendra peut-être d'autres avant le terme. C'est ma façon de travailler; je ne suis pas pressé.

(Extrait d'un entretien réalisé à Nice, le 27 mai 1971)

UN

Sadoul. — En entreprenant cette série d'entretiens, mon projet est de faire connaître l'homme Hergé autant que sa légende et aussi, accessoirement, de mettre fin à tout un tas d'idées préconçues, imaginaires, fausses, colportées par le vent de la célébrité et soigneusement entretenues, aussi bien par ceux «qui vous veulent du bien» que par un contre-courant hostile. Parce que, vous le savez, vous êtes devenu un personnage presque mythologique: on a bâti autour de vous une épopée que vos thuriféraires comme vos contradicteurs s'empressent de propager en l'amplifiant, en la déformant...

Hergé. — Eh! oui, c'est ainsi par exemple que j'ai appris que j'étais propriétaire de nombreux châteaux, ici et là, un peu partout à travers le monde!... Je me souviens d'une petite aventure qui m'est arrivée en Suisse, dans le train Genève-Lausanne, il n'y a pas si longtemps. Je lisais un «James Bond»; en face de moi, un voyageur me regardait lire. La conversation s'est engagée, de la façon suivante: «Lui: Vous lisez un «James Bond»... C'est bien? — Moi: C'est très bien. Un mélange très habile de réalité et de fiction. Et puis c'est très bien documenté. — Lui: C'est comme «Tintin», alors? — Moi (ne sachant trop s'il m'a reconnu ou non): Ah?... — Lui: Si, si. «Tintin», c'est très bien documenté aussi. D'ailleurs, son auteur est venu ici, il a pris des croquis pour une de ses histoires[1]. Et puis il a acheté un château à Allaman... — Moi: Non. — Lui: Pourquoi non? — Moi: Parce que je dis: non. — Lui: Comment le savez-vous? — Moi: Parce que je suis Hergé! —

---

1. Pour *L'affaire Tournesol*.

43

Lui (pas du tout décontenancé): Tiens! Comme ça se trouve! Ma femme et mes enfants seront enchantés d'apprendre que je vous ai rencontré!»... J'avais donc un château en Suisse! Mais le fait est qu'un bruit repose toujours sur un fond de vérité: j'avais des amis qui possédaient une maison de campagne au bord du lac à Allaman et j'allais quelquefois les voir. Vous voyez qu'il n'y a jamais de fumée sans feu. N'importe quel ragot peut être fondé, c'est certain.

— Méfiez-vous: je vais peut-être sortir d'ici en criant sur les toits que, pris de démence, vous déchirez vos dessins!

— C'est ça!... Dites que je me lance dans l'art «conceptuel», le happening...

— Puisque vous abordez le chapitre de l'art, restons-y, voulez-vous? Vous avez la réputation d'être un amateur d'art.

— Oui, surtout d'art actuel. Et, assez paradoxalement, je me suis passionné pour l'art abstrait. Peut-être était-ce là une sorte de compensation, car mon travail à moi, depuis quarante ans, a été on ne peut plus figuratif... Je crois qu'on peut davantage rêver ou méditer devant un tableau abstrait que devant une peinture figurative: celle-ci vous impose son sujet et donc des limites, tandis qu'une toile abstraite vous laisse toute liberté. Et puis l'art abstrait demande une plus grande participation du spectateur. C'est aussi un art qui *entre* dans la matière. Longtemps, les artistes ont vu les choses de loin; puis sont venus les Impressionnistes, qui ont décomposé la lumière, les Cubistes, qui ont décomposé l'objet; et, avec l'art abstrait, on est entré dans la matière elle-même, dans le bois, dans le marbre, dans la cellule vivante... D'une part, la réalité est pour moi une chose extrêmement importante. Mais d'autre part, j'aime rêver devant une œuvre abstraite, exactement comme on peut rêver devant les nuages, les «merveilleux nuages»... Je vous dis cela, et je pense à l'instant que ce n'est pas tout à fait exact: Fernand Léger est un figuratif et je le trouve admirable. Lichtenstein, aux États-Unis, est également figuratif, et je l'admire également... Je me demande si, tout compte fait, il ne s'agit pas plutôt, chez certains abstraits comme chez certains figuratifs, d'une sensibilité accordée à celle de notre temps. Bien sûr, Ucello, Botticelli, Vermeer, Ingres sont et seront de tous les temps. Mais, dans l'ensemble, je crois que beaucoup d'œuvres anciennes procèdent d'une sensibilité qui n'est plus la nôtre, et nous émeuvent donc moins, quelle que soit leur beauté formelle et donc, l'admiration qu'on peut leur porter.

— Dans quels sens vont vos goûts?

— Eh bien, d'une façon assez curieuse aussi, je constate qu'ils vont de plus en plus vers le géométrique ou, plus exactement, vers ce qui est construit, bâti, structuré: Herbin, Vasarely, Dewasne, Lipszyc en France, Stella, Noland chez les Américains, Maury — un tout jeune peintre — en Belgique... C'est un art qui m'enchante, un art plus défini, plus voulu, plus calculé, qui fait parfois appel à la mathématique, à la programmation. Au fond, je n'aime plus tellement le «cri», le gestuel, le romantique. En sculpture, je songe à Nicolas Schoeffer: cette tenue, cette rigueur, cette réserve et, à la fin, cette grandeur!... Chez Berrocal, il y a, en plus, cette structure interne rigoureuse... Ce qui est surtout passionnant, je trouve, à notre époque, c'est de suivre l'évolution de l'art, d'essayer d'y découvrir les talents authentiques, de ne rien rejeter a priori. Bien sûr, les formes changent, le langage s'adapte, la sensibilité se transforme. Mais, fondamentalement, c'est toujours le même problème pour le créateur: se définir, rechercher son propre équilibre, exprimer sa propre conception du monde. Ainsi, pour moi, il n'y a pas de différence essentielle entre Berrocal et un marbre grec, entre Schoeffer et Michel-Ange.

— Vous vous défiez des étiquettes, et vous avez raison. Il n'y a certainement pas de différence fondamentale et nous sommes heureusement à une époque qui autorise les comparaisons, qui permet de s'ouvrir à toutes choses, d'être disponible.

— Exactement. J'ai eu la chance, ces dernières années, d'avoir pu entreprendre une série de voyages: l'Italie, la Grèce, les U.S.A., la Scandinavie... Ce n'est plus Tintin qui se promène, à présent, c'est moi!... Et cela m'a permis de me livrer à d'utiles comparaisons, par exemple entre la Grèce et l'Italie. La Grèce a un passé prestigieux, extraordinaire: le Parthénon, c'est prodigieux, en dépit de ses milliers de touristes!... Mais la Grèce s'est arrêtée. Elle ne crée plus rien, ne produit plus rien, sauf peut-être des colonels!... Tandis que l'Italie, dont le passé est admirable aussi, est encore en pleine création: il n'y a pas eu d'arrêt, ça continue, c'est un peuple en plein essor, un peuple créateur, aussi bien dans le design que dans la mode, que dans l'architecture, que dans l'automobile...

— Mais l'Antiquité grecque fut la plus brillante, la plus riche. Je crois qu'il y a chez les Grecs comme un complexe de frustration: leur pays a beaucoup de mal à se débarrasser de son passé. L'Italie n'a pas eu à affronter ces problèmes de dégénérescence, ayant hérité en grande partie sa culture des Grecs.

— C'est un fait. L'Italie a continué à créer, à l'inverse de la Grèce. Il n'y a rien de plus démoralisant à cet égard qu'une promenade dans les rues d'Athènes, des rues où l'on s'attendrait à trouver de la créativité, de la beauté, de l'invention... Eh bien, rien: cela donne la température d'une ville, d'un pays. A Paris, à Rome, à Londres, au contraire, il y a une sorte de culture qui s'exprime à travers les boutiques et les objets qu'on y expose... Et les Italiens s'entendent à créer des choses magnifiques. Les femmes italiennes sont extrêmement élégantes... Mais dites donc, nous sommes bien loin de Tintin!...

— Aimez-vous la musique?

— J'aime beaucoup la musique, oui, mais je ne suis pas très connaisseur. Je n'ai reçu aucune éducation musicale et je le regrette. Il n'empêche que j'aime la musique «classique». Satie, Debussy font mes délices. J'adore aussi le jazz et, surtout, la pop-music, avec les sonorités et les rythmes actuels. En fait le problème est le même que pour la peinture: rester en prise directe avec son époque. Mais il me semble qu'il est plus ardu d'entrer dans la musique actuelle — la «grande musique» — que dans les arts plastiques actuels.

— C'est une question d'affinités personnelles. Vous paraissez davantage porté vers les «images»; vous êtes avant tout un visuel. Mais, vous qui avez créé la Castafiore, est-ce que vous aimez l'opéra?

— Hélas! non, l'opéra m'ennuie, je l'avoue à ma grande honte! Ou alors il me fait rire, ce qui est encore pire!... J'ai l'œil et l'esprit trop critiques: je vois trop la grosse madame derrière la chanteuse, même si elle a une voix admirable, le bellâtre derrière le ténor, le carton-pâte des décors, le fer blanc des cuirasses, les barbes postiches des figurants qui chantent «Partons, partons, partons»... et qui ne bougent pas d'une semelle! Mais je n'ai jamais vu d'opéra moderne. Sans doute s'est-on débarrassé de toute cette pacotille, de toute cette ferblanterie. Il y a sans doute, actuellement, plus d'exigence... Mais la race des Castafiore n'est certainement pas éteinte!... Je ne suis pas non plus tellement amateur de ballets. J'admire Béjart et j'aime bien voir danser de grands virtuoses, comme Noureev et Paolo Bortoluzzi... J'aime la grâce, la fougue et l'élégance... Mais j'avoue que je ne suis pas un grand «ballettophile»!

— En général, comment recevez-vous les choses: par l'esprit? par le cœur? par la peau?...

— Je ne sais pas, ça doit former un tout. Moins peut-être par l'esprit que par la sensibilité. Je reçois les choses comme un choc: j'aime ou je n'aime pas. C'est après que je réfléchis, que je contrôle, que j'essaie d'analyser mon émotion... La peinture, je trouve, ne demande pas tellement de penser, mais d'être ému. C'est cela qui m'importe avant tout: l'émotion ressentie. Et dès qu'on essaie de m'imposer un prêchi-prêcha, des théories ou une philosophie — quelle qu'elle soit — je ne marche plus. Mais ça vaut surtout pour le théâtre.

— Justement, parlons-en.

— J'aime aussi le théâtre parce que, là, il y a un contact direct entre le comédien et le public. J'aime le théâtre... et j'y vais, hélas! trop rarement. Le théâtre expérimental m'intéresse, sauf, je viens de vous le dire, quand on en profite pour tenter de me bourrer le crâne. Je n'aime pas le côté «politique», le côté prêchi-prêcha, le côté partisan des choses: je suis un homme de juste milieu, je crois. Enfin, j'essaie de l'être... Je suis un Gémeaux et ma tendance est d'écouter le pour et le contre, d'être plutôt observateur qu'acteur. Dans n'importe quel conflit, même s'il me concerne personnellement, je m'efforce toujours de rechercher la vérité et d'écouter attentivement mon interlocuteur. Cette vérité, on ne la trouve d'ailleurs pas souvent, ou même jamais; peut-être trouve-t-on, de temps en temps, sa propre vérité, sa vérité momentanée. Car tout cela est très fugitif; on est toujours en pleine évolution. J'ai découvert ça à ma grande stupéfaction. Je croyais naïvement, par exemple, qu'aux environs de quarante ans, un homme était fixé pour le reste de sa vie; et puis j'ai pensé que ça se situait peut-être vers les cinquante ans; et puis après, je me suis demandé si ce n'était pas vers la soixantaine qu'il parviendrait à cette fixation. Et quand je dis «fixation», je pense «sagesse». Mais on n'y arrive jamais, à cette sacrée sagesse!... Je commence à croire que je n'y arriverai pas même à soixante-dix ans, si Dieu me prête vie, ni même à quatre-vingts, s'il est vraiment très bien disposé à mon égard... Oui, on évolue sans cesse et toujours: rien n'est fixe, rien n'est stable, tout se détruit et tout recommence... Au fond, dans ma jeunesse, je composais mes «Tintin» sans trop m'interroger, sans trop raisonner. Maintenant, je réfléchis plus, je médite davantage: sur ce que je vois autour de moi et sur moi-même. Et surtout, surtout, j'essaie de m'accepter comme je suis. C'est peut-être ce qu'il y a de plus important dans l'existence: réussir à vivre en paix avec soi-même. C'est le gros problème.

— Vous avez eu du mal à y parvenir?

— Naturellement... L'éducation catholique, une certaine morale, la religion, le mode de penser qui m'avait été inculqué: il est extrêmement difficile de remettre en question tout cela et de repartir à zéro.

— Vous avez donc été marqué par la religion catholique?

— Très marqué.

— Et qu'en reste-t-il aujourd'hui?

— Une certaine forme de morale, sans aucun doute. Je vous le répète, il n'est pas possible de se dégager comme ça entièrement d'une manière de penser, de sentir, qui est deux fois millénaire. Et d'ailleurs, est-ce tellement souhaitable?... Pour moi, le problème a été de me réaliser, de m'unifier, de m'accepter tel que j'étais, de devenir moi-même enfin, authentiquement moi-même, avec mes qualités et mes défauts. De faire abstraction, par exemple, de la notion du péché qui m'a poursuivi longtemps: il n'y a pas si longtemps que je m'en suis libéré...

— La notion du péché, chez vous ou chez les autres?

— Chez moi, bien entendu. Je crois avoir toujours été beaucoup plus indulgent pour les autres que pour moi-même.

— Le héros que vous avez créé est un peu moraliste, ne trouvez-vous pas?

— Pas tellement, me semble-t-il. Mais s'il l'est, c'est dans la mesure où je le suis sans doute un peu moi-même. Il s'agit ici d'une morale qui a plutôt le sens de «la morale de l'histoire». Et puis, de toute façon, si Tintin est un moraliste, c'est un moraliste qui ne se prend pas au sérieux, car l'humour, dans mes histoires, n'est jamais bien loin... Au surplus, et à mesure que les années ont passé, sont nés autour de Tintin des personnages qui sont pleins de défauts, eux, et qui sont donc plus humains que lui. Prenez le cas du capitaine Haddock, par exemple: celui-là s'accepte, ne réfléchit pas. Je me retrouve un peu en lui, parfois, comme il m'arrive de me retrouver aussi, trop souvent, hélas! dans les deux Dupondt!... Mais Tintin est certainement né de mon désir inconscient d'être parfait, d'être un «héros». Ce qu'on est très, très, très rarement dans la vie de tous les jours!...

— Tintin est un indéracinable boy-scout...

— Et pourquoi pas?... Est-il donc si ridicule de faire une bonne action, d'aimer et de respecter la nature et les animaux, de s'efforcer d'être fidèle à la parole donnée? Et d'ailleurs, le «boy-scoutisme» de Tintin est tempéré par les compagnons qui l'entourent. J'ai moi-même été scout. Ma patrouille était celle des Écureuils et mon totem était «Renard curieux», ce qui n'était pas mal trouvé: curieux, je le suis resté... De toute manière, je considère que le scoutisme a eu sur moi une très heureuse influence. J'ai aussi été «peau-rougiste», au moment où les scouts prenaient comme modèle les Indiens d'Amérique du Nord, et depuis, je me suis toujours intéressé à ces peuples. En 1971, lors d'un premier voyage aux U.S.A., j'ai eu l'occasion de visiter la réserve de Pine Ridge, dans le South Dakota, et j'ai été

«Le Boy-Scout belge»: l'un des premiers gags d'Hergé (1925).

notamment à Wounded Knee. Un de mes amis, moine dans une abbaye de Trappistes, m'avait confié des lettres que j'ai été remettre à ses amis Sioux. Et j'ai rencontré là-bas des gens qui s'appelaient One Feather, Black Elk et Red Cloud, ce dernier authentique descendant du fameux Red Cloud qui avait combattu à la bataille de Little Big Horn, aux côtés de Sitting Bull et de Crazy Horse...

— Vous êtes un scout qui est sorti de la meute!

— Oui, dans les grandes lignes. Car enfin, le jeu scout et tout le reste, c'est évidemment un peu ridicule. Mais, je vous le répète, le respect de la parole donnée, le sens des responsabilités, la fidélité aux êtres, tout cela est pour moi très important.

— Cela se retrouve d'ailleurs dans certains de vos personnages: Haddock, les Dupondt, Nestor, Oliveira da Figueira, et même la Castafiore...

— Même elle, oui, qui est toujours prête à rendre service... Qui sait: elle a peut-être été girl-guide!...

— L'époque où vous étiez scout, c'était l'époque de *Totor*. Je suppose qu'en ce temps-là, vous viviez vraiment votre personnage?

— J'étais réellement boy-scout, si c'est ça que vous voulez dire. Et comme j'étais boy-scout, je me suis mis à raconter l'histoire d'un petit boy-scout à d'autres petits boy-scouts. Et ça a donné *Les aventures de Totor, C.P. des Hannetons*. Ce n'était d'ailleurs pas encore de la véritable bande dessinée: il s'agissait d'une histoire écrite et illustrée avec, de temps en temps, un timide point d'exclamation ou d'interrogation. Et je me suis beaucoup amusé à la raconter, cette histoire. Cela n'avait ni queue ni tête — il n'y avait pas l'ombre d'un scénario — et j'ai été étonné de constater que cela avait pourtant l'air d'amuser aussi les autres. Entre parenthèses, j'en suis toujours là: un peu — et parfois fort — surpris que mes tintineries aient eu du succès et continuent d'en avoir, plus de quarante ans après leur création...

— Et quand *Totor* a été terminé?...

— Eh bien, dans l'entre-temps, j'avais terminé, moi, mes études au collège Saint-Boniface, à Bruxelles. Je suis alors entré au journal *Le XXᵉ Siècle* comme employé au service des abonnements. Puis j'ai fait mon service militaire et, à la fin de celui-ci, je suis retourné au *XXᵉ Siècle,* mais cette fois comme apprenti-photographe, aide-photograveur et «illustrateur pour pages spéciales»! Et c'est alors que l'abbé Norbert Wallez, directeur du journal, a eu l'idée d'un supplément illustré hebdomadaire destiné à la jeunesse, et m'en a confié la responsabilité, à ma grande stupéfaction!... Je n'avais jamais fait de journalisme et j'étais épouvanté de me trouver «responsable» — à vingt ans! — d'un hebdomadaire pour la jeunesse. C'est dans ce supplément, *Le Petit Vingtième,* qu'en janvier 1929, j'ai créé Tintin. C'était un peu le petit frère de Totor, un Totor devenu journaliste mais ayant toujours l'âme d'un boy-scout. Et je l'ai envoyé successivement en Russie soviétique (on disait «bolchevique», à l'époque), au Congo, en Amérique, en Orient, en Extrême-Orient...

— L'Extrême-Orient, justement : il me semble que *Le Lotus bleu* marque une étape importante dans votre tintinade.

— C'est exact. Jusque-là, les aventures de Tintin (tout comme celles de Totor) formaient une suite de gags et de suspenses, mais rien n'était construit, rien n'était prémédité. Je partais moi-même à l'aventure, sans aucun scénario, sans aucun plan: c'était réellement du travail à la petite semaine. Je ne considérais même pas cela comme un véritable travail, mais comme un jeu, comme une farce. Tenez, *Le Petit Vingtième* paraissait le mercredi dans la soirée, et il m'arrivait parfois de ne pas savoir encore le mercredi matin comment j'allais tirer Tintin du mauvais pas où je l'avais méchamment fourré la semaine précédente!

— Et ça change à partir du *Lotus bleu*...

— Oui, ça change. Après avoir terminé *Les cigares du pharaon,* j'ai annoncé dans le journal que Tintin allait poursuivre son voyage vers l'Extrême-Orient. Et, suite à cette annonce, j'ai reçu une lettre qui me disait, en substance, ceci: «Je suis aumônier des étudiants chinois à l'université de Louvain. Or, Tintin, va partir pour la Chine. Si vous montrez les Chinois comme les Occidentaux se les représentent trop souvent; si vous les montrez

avec une natte, qui était, sous la dynastie mandchoue, un signe d'esclavage; si vous les montrez fourbes et cruels; si vous parlez de supplices «chinois», alors vous allez cruellement blesser mes étudiants. De grâce, soyez prudent: informez-vous!»... C'est ce que j'ai fait, et l'abbé Gosset — c'était son nom — m'a mis en rapport avec un de ses étudiants qui était dessinateur, peintre, sculpteur, poète, et qui s'appelait... Tchang Tchong Jen. Oui, c'est son nom que j'ai donné au petit Chinois que Tintin rencontre là-bas, qui devient son ami et qu'il retrouvera, beaucoup plus tard, dans *Tintin au Tibet*... C'est donc au moment du *Lotus bleu* que j'ai découvert un monde nouveau. Pour moi, jusqu'alors, la Chine était, en effet, peuplée de vagues «humanités» aux yeux bridés, de gens très cruels qui mangeaient des nids d'hirondelle, portaient une natte et jetaient les petits enfants dans les rivières... J'avais été impressionné par des images et des récits de la guerre des Boxers, où l'accent était toujours mis sur les cruautés des Jaunes, et cela m'avait fortement marqué. J'ai exprimé cela dans un dialogue entre Tintin et Tchang[1]. Donc, je découvrais une civilisation que j'ignorais complètement et, en même temps, je prenais conscience d'une espèce de responsabilité. C'est à partir de ce moment-là que je me suis mis à rechercher de la documentation, à m'intéresser vraiment aux gens et aux pays vers lesquels j'envoyais Tintin, par souci d'honnêteté vis-à-vis de ceux qui me lisaient: tout ça grâce à ma rencontre avec Tchang! Je lui dois aussi d'avoir mieux compris le sens de l'amitié, le sens de la poésie, le sens de la nature... C'était un garçon exceptionnel, que j'ai malheureusement perdu de vue. J'ai souvent écrit; parfois je m'informe auprès d'amis chinois. Mais je ne sais pas ce qu'il est devenu... Il m'a fait découvrir et aimer la poésie chinoise, l'écriture chinoise: «le vent et l'os», le vent de l'inspiration et l'os de la fermeté graphique. Pour moi, ce fut une révélation.

— A ce moment-là, bien des choses changent. Pour ses débuts, Tintin était parti chez les Soviets...

— Oui, et toujours comme je vous l'ai dit, c'était une espèce de jeu, un jeu dans lequel j'ai mis, par jeu, de la politique. Il faut savoir que *Le XXe Siècle* était un journal catholique, et qui disait «catholique», à l'époque, disait «anti-communiste». On y bouffait littéralement du bolchevik! J'ai donc été inspiré par l'atmosphère

---

1. *Le Lotus bleu*, p. 43, bandes 2 et 3.

du journal, mais aussi par un livre intitulé *Moscou sans voiles*, de Joseph Douillet, qui avait été consul de Belgique à Rostov-sur-le-Don et qui dénonçait violemment les vices et turpitudes du régime. Puisant là-dedans, j'étais sincèrement convaincu d'être dans la bonne voie. Et puis quoi! j'avais la bénédiction de mon directeur, que j'admirais comme prêtre et comme homme...

TINTIN AU PAYS DES SOVIETS
ET LES ÉDITIONS PIRATES

Initialement paru à cinq mille exemplaires, tous épuisés en peu de temps, l'album de la première aventure de Tintin est longtemps demeuré inaccessible au grand public. Seuls, quelques collectionneurs fanatiques pouvaient espérer acheter — à prix d'or (jusqu'à 5 000 ou 6 000 FF la pièce) — un vieil exemplaire de la première édition chez les bouquinistes ou dans les ventes aux enchères; seuls, quelques amis et relations d'Hergé pouvaient éventuellement recevoir l'un des cinq cents exemplaires numérotés, luxueusement tirés à leur intention par l'auteur, en 1969.

Mais les margoulins de la brocante s'en mêlèrent: il y avait là une sacrée bonne affaire à réaliser sur le dos de ces naïfs prêts à tout pour posséder l'œuvre de leur idole!... Et l'on se mit à publier des éditions «pirates» de cet album, que l'on vendit naturellement très cher (jusqu'à 300 FF l'exemplaire), même si la qualité n'était pas souvent à la hauteur de la rapacité des fabricants.

Bien sûr, Hergé prit la mouche et «saisit la justice», comme on dit. Il ne voulait alors pas que cet épisode fût répandu, et surtout pas de cette façon. Cela n'empêcha point la floraison des Soviets clandestins pour la délectation des amateurs et l'enrichissement des libraires.

La conséquence de tout cela fut qu'Hergé et ses éditeurs se résolurent à ressortir officiellement, et en belle édition, Tintin au pays des Soviets, en 1973. Et les amis de «Tintin» sont les bénéficiaires de cette aventure, puisque le nouvel album propose en outre, sous le titre général Archives Hergé, les versions originales en noir et blanc du Congo et de l'Amérique, plus l'épisode (inédit en album), de Totor, C.P. des Hannetons.

En outre, Casterman a procédé, en 1981, à une réédition des
Soviets *en «fac-similé» de l'album original du* Petit Vingtième.
Mille mercis aux pirates, en définitive!

Sadoul. — Après coup, n'avez-vous pas éprouvé de remords
d'avoir fait cet épisode?

Hergé. — Du remords? Non, pas du tout. *Tintin au pays des
Soviets,* c'est le reflet d'une époque. Pour tout le monde — ou
presque — le bolchevik c'était, comme on le disait alors,
l'homme-au-couteau-entre-les-dents, c'est-à-dire, pratiquement le
diable!... Voilà l'atmosphère dans laquelle on baignait. Une
dizaine d'années plus tard, toujours dans la même optique, de
jeunes Belges, sous les ordres de Degrelle[1], sont allés se faire
casser la figure en Ukraine ou dans le Caucase, convaincus qu'ils
étaient de participer à une croisade antibolchevique et de défendre
ainsi la civilisation chrétienne... Et ceux qui en sont sortis ont été
condamnés pour avoir porté l'uniforme «feldgrau»... Cela me
rappelle un fait étrange: quand Tintin a eu fini son voyage en
Russie, *Le XXᵉ Siècle* lui a préparé un «retour» grandiose à
Bruxelles, gare du Nord. Tintin revenait, mais moi, je n'en
revenais pas de voir la place devant la gare absolument noire de
monde! Même réception, et même foule, plus tard, quand Tintin
revint du Congo, puis d'Amérique... Le rôle de Tintin, lors de ces
«joyeuses rentrées», a été tenu par deux garçons différents. Et
voyez comme c'est étrange, l'un des deux s'est engagé dans la
légion Wallonie antibolchevique; l'autre a combattu sous
l'uniforme anglais, accomplissant des exploits qui lui ont valu la
Victoria Cross. N'est-ce pas extraordinaire?

— Encore un témoignage de votre nature Gémeaux!

— En tout cas, la destinée de ces deux garçons me frappe
beaucoup... Un troisième Tintin, c'est Jean-Pierre Talbot,
l'interprète des films: lui n'est pas devenu un «héros» comme les
deux précédents. Enfin, pas de la même façon. Il possède
cependant au plus haut point certains traits de mon personnage.

---

1. Léon Degrelle est le fondateur du «Rexisme», mouvement fasciste belge qui prôna la
collaboration avec l'Allemagne, après la défaite de 1940. Si Hergé et lui entretinrent un
moment de bons rapports (Hergé illustra en 1932 un livre de Degrelle), il est important de
préciser que celui-là ne partagea jamais les idées de celui-ci. Actuellement, Degrelle est
encore en exil.

D'ailleurs, quand Chantal Rivière[1] l'a découvert sur une plage belge, il était moniteur d'éducation physique et consolait une petite fille en pleurs, comme l'aurait réellement fait Tintin! Et il est comme ça, dans la vie, un peu scout, lui aussi... Vous me regardez d'un air moqueur!...

— Absolument pas: je suis admiratif!...

— Les scouts n'ont pas très bonne presse actuellement, et on peut le comprendre: le scoutisme a eu un côté gratuit, un côté un peu infantile qui n'est sans doute plus de mise à notre époque. Pour moi, en tout cas, cela a été une excellente école. Récemment encore, en Italie, je mettais tous les jours le sac au dos et je partais en montagne (pas la haute montagne, non, mais la montagne à vaches, qui est une bonne montagne quand même!), et j'allais me retremper dans la nature. Ah! la joie d'allumer un feu et d'y faire rôtir des châtaignes...

— Vous étiez seul?

— Non, avec ma compagne, Fanny... Tenez, voici une souffrance que le scoutisme a exacerbée en moi: j'ai quitté ma femme, il y a une douzaine d'années, et ce fut une épreuve épouvantable. Pour elle, certainement, je ne veux pas inverser les rôles. Mais pour moi aussi; ce manquement grave à une parole donnée, je l'ai ressenti comme un drame. D'autant plus que je n'avais rien à reprocher à mon épouse. Mais simplement, les choses se sont ainsi faites: j'ai rencontré Fanny et j'ai quitté Germaine, voilà! C'est la vie, quoi!... C'était au moment de *Tintin au Tibet,* qui est le reflet exact de cette crise morale: l'amitié, la fidélité, la pureté...

— Aviez-vous été mariés longtemps, avant ce drame?

— Vingt-huit ans: c'est long déjà!... J'en ai fait une véritable dépression. J'ai essayé de faire appel à un psychanalyste pour m'en sortir. *Tintin au Tibet* est venu pendant cette crise, et vous avez remarqué que tout y est blanc...

1. Fille du critique, peintre et ami d'Hergé, Jacques Van Melkebeke. Collaboratrice d'André Barret pour les films *Le mystère de la toison d'or* et *Tintin et les oranges bleues,* elle vit à Tokyo avec son mari, un universitaire japonais, et leur fils.

— Nostalgie de la pureté. C'était donc une façon d'exorcisme. Et comment avez-vous affronté cette crise?

— J'ai vu un médecin suisse, le professeur Ricklin, élève et disciple de C. G. Jung, qui m'a dit: «Je ne veux pas vous décourager, mais vous n'arriverez jamais au bout de votre travail. C'est une crise que vous devez assumer. Moi, à votre place, je stopperais tout de suite»... Je n'ai pas stoppé. Au contraire je me suis accroché, en bon scout que j'avais été et dont la loi disait: «Un scout sourit et chante dans les difficultés»! Et je suis arrivé au bout de ma crise comme de mon travail. Mais le médecin m'avait dit: «Vous devez exorciser vos démons, vos démons blancs»... Je ne rêvais que de blanc, à cette époque. Et c'est tout cela, *Tintin au Tibet*. Mais ce fut évidemment très dur... Donc, tout cela vient du scoutisme encore!

— Et ce démon, vous l'avez complètement exorcisé?

— Je crois que oui. Je me suis accepté. C'est ce que je vous disais tout à l'heure: j'ai accepté de n'être pas immaculé...

— Comme la neige!... Et quel effet cela vous fait-il, de vous être accepté?

— La vie est beaucoup plus agréable, infiniment plus simple, plus facile! Je me sens davantage en contact avec le monde. J'étais contracté, certainement, et difficile à vivre. M'acceptant avec mes défauts, avec mes «péchés», la vie devient plus facile!

— Revoyez-vous votre femme, de temps en temps?

— Oui. Je la vois encore, je lui téléphone... Les contacts ne sont pas toujours très faciles, mais enfin, ils existent.

— Mais ce démon de la pureté, en bon scout que vous étiez, vous l'aviez déjà en vous de toute façon, non?

— C'est sûr. Je l'ai certainement eu pendant très longtemps. Mais il est probable que ce drame conjugal n'a fait que rendre la chose plus éclatante, plus exacerbée.

— Mais si vous l'aviez exorcisé plus tôt, ce démon, pensez-vous que cela se serait passé de la même manière?

— Je n'en sais rien. Je ne crois pas... Je pense que les choses auraient pris un tour très différent. Je connais des hommes qui trompent leur femme et ne s'en portent pas plus mal; ils s'acceptent tels quels sans crise morale. En ce qui me concerne, je crois malgré tout qu'il est bon de ne pas s'être accepté pendant tout un temps et de n'avoir changé que lorsqu'il n'était plus possible d'attendre encore. Pendant ce temps, on se refuse à des actes, à des pensées de médiocre qualité...

— Vous n'aimez pas la médiocrité, je crois. Il suffit de voir comment vous fustigez certains de vos personnages.

— Qui donc avouerait aimer la médiocrité?... Bien sûr, je n'aime pas ce qui est, disons, «bon marché», ni chez les êtres, ni dans les sentiments, ni même dans les objets. Ce qui ne signifie pas — entendons-nous — que seules les choses qui coûtent cher, seuls les marbres rares, seuls les bois précieux ont de la valeur à mes yeux. Non, une simple coupe en terre cuite peut être belle; un vieux meuble de chêne peut être très beau... Ce à quoi je suis sensible, c'est la qualité. Et il y a des êtres de qualité comme il y a des objets de qualité.

— Je lisais récemment une déclaration inquiète de Denis de Rougemont: le monde devient médiocre, les gens ont des amours médiocres, des haines médiocres... Il mettait cela sur le compte de l'éducation moderne, qui tend à niveler les individus dans le sens du bas. Il y a du vrai là-dedans, mais il faut admettre que, de tous temps, le plus haut et le plus bas ont cohabité: il y aura toujours de grandes passions émergeant de sentiments médiocres.

— C'est certain. Seulement, aujourd'hui, les mass-media, les journaux, la radio, la télévision, le cinéma peuvent être des amplificateurs de la médiocrité.

— Et les bandes dessinées?...

— Les bandes dessinées aussi, bien sûr. C'est ça le monde moderne, et ce monde est très inquiétant: c'est le «choc du futur» dont parle Alvin Töffler. Mais ce qui n'est pas bon, non plus, je crois, c'est de regarder l'avenir «dans le rétroviseur», comme dit Mac Luhan. Tout n'est pas mauvais dans ce qui va arriver; il faut essayer de s'y adapter. Il est certain que tout se disloque, que tout est remis en question: la maison se lézarde, le toit s'effondre... Mais enfin, il y a des poutres qui sont encore bonnes et qu'il faudra bien réutiliser un jour!...

— Vous êtes optimiste!

— Peut-être que je me force à l'être. Mais je pense réellement que le monde ne va pas périr: il en a déjà tellement vu!... C'est vrai que ce qui se passe maintenant est nouveau, ne s'est jamais passé auparavant (à moins qu'il n'y ait eu d'autres civilisations comme la nôtre, très loin dans le passé!...). Quoi qu'il en soit, le monde se transforme sous nos yeux: tout se transforme, tout change, tout évolue à une allure de plus en plus rapide. Le monde ancien est fini!

— D'accord, mais est-ce que vous imaginez les hommes portant des masques à gaz?

— Hélas! ça se passe déjà ainsi, certains jours au Japon, quand la pollution atteint la cote d'alerte...

— Serions-nous la civilisation du suicide? Je me dis parfois que nous ressemblons aux lemmings: en pleine crise de surpopulation, nous paraissons obéir à un instinct forcené et accepté d'autodestruction[1]...

— Malgré tout, je veux être confiant. On fait partout de gros efforts, parce que les gens, maintenant, sont avertis. La pollution de l'eau, de l'air, la destruction de l'environnement sont des choses épouvantables! Mais ça va changer, j'en suis persuadé... Aux États-Unis, en Suède, partout dans le monde on cherche des solutions. Pour l'auto, par exemple, je suis convaincu qu'on va vers la voiture électrique; je suis persuadé qu'elle existe déjà virtuellement, que les ingénieurs ont dans leurs cartons des projets tout à fait réalisables. Mais tant qu'il y aura du pétrole!...

---

1. En décembre 1971 au congrès du C.E.R.B.O.M., à Nice, un spécialiste a déclaré: «Nous nous comportons comme ces rongeurs qui, lorsqu'ils atteignent une certaine densité, se précipitent dans des gouffres pour un suicide collectif...»

UN

Imaginez que vous êtes propriétaire de puits, que vous gagnez des sommes folles et, tout à coup, on vous menace d'une voiture électrique!...

— Vous pensez donc que les «puissances d'argent» mènent le monde?

— J'en suis convaincu. Pas de la manière rocambolesque qu'on voit dans les albums de «Tintin»... Mais l'économie mène le monde, les puissances industrielles et financières conditionnent notre mode de vie. Ces messieurs, évidemment, ne portent pas de cagoules quand ils sont réunis dans leurs conseils d'administration. Mais le résultat est le même que s'ils en portaient! Produire, tel est leur premier objectif. Produire toujours davantage. Produire, même s'il faut, pour cela, souiller les rivières, la mer, le ciel; même s'il faut détruire les plantes, les forêts, les animaux. Produire et nous conditionner pour nous faire «consommer» de plus en plus, de plus en plus d'automobile, de déodorant, de spectacle, de sexe, de tourisme... C'est contre cette forme de civilisation — si l'on peut encore appeler ça «civilisation» — que se révolte aujourd'hui une partie de la jeunesse, surtout aux États-Unis. Qu'on ne s'y trompe pas: la contestation à tort et à travers, les cheveux longs, les jeans, les serre-tête, l'objection de conscience, la pop-music, la recherche de certaines philosophies orientales, la drogue même sont autant de signes du refus opposé par cette jeunesse à ce genre de vie. Cette jeunesse refuse de se laisser réduire au rôle de bête à consommer!

— Et Tintin, lui, est-il aussi contre la société de consommation?

— Tout à fait contre, bien sûr!... Tintin a toujours pris parti pour les opprimés. Et les opprimés, dans ce cas-ci, c'est nous tous, victimes que nous sommes de cette forme de société.

— Voilà des choses dont il vous serait difficile de parler dans «Tintin».

— Difficile, oui, mais peut-être pas impossible. Aussi, un jour, au temps du *Lotus bleu,* un brave général rapportait au directeur du *XXe Siècle* les plaintes de l'ambassadeur du Japon à Bruxelles quant à la manière dont je dépeignais la politique de son gouvernement en Chine. Et ce brave général gémissait: «Ce n'est pas pour enfants, ce que vous racontez là... C'est tout le problème de l'Est asiatique!!!» Et il avait raison, car il y avait dans *Le Lotus,* en plus du récit proprement dit, une prise de position, un «engagement» comme on dit à présent, qui n'était effectivement pas destiné aux jeunes lecteurs, mais à leurs aînés. Il faut ajouter tout de suite que les enfants d'aujourd'hui comprennent beaucoup plus de choses que les enfants des années 30. On peut désormais leur parler bien plus sérieusement et évoquer certains grands problèmes.

— Est-ce que vous en parlerez dans votre prochaine histoire?

— Dans ce qui s'appellera vraisemblablement *Tintin et les Picaros*[1] et dont l'action se passera au San Theodoros, un pays où Tintin est déjà allé[2], je ferai sans doute allusion à la misère des Indiens, à la dictature, à la guérilla, à l'emprise de certaines sociétés commerciales... Mais cela se fera au fur et à mesure que l'histoire se dessinera (au sens propre du terme), de façon que ces images et ces idées s'insèrent tout naturellement dans le cours du récit. Incontestablement, le labeur qu'implique un travail minutieux comme le mien m'effraie un peu, maintenant. Vous ne pouvez pas savoir à quel point c'est long et difficile: c'est un véritable travail manuel!

— Comment procédez-vous, exactement?

— Au départ, il y a presque toujours une idée très simple, souvent une espèce de match-poursuite, comme dans *Les trois mousquetaires* ou dans *Michel Strogoff.* En partant de cette idée, je compose le scénario, que je teste autour de moi. J'ai parfois essayé de travailler avec des scénaristes, mais je me sentais gêné aux entournures; car un scénario évolue toujours en cours de travail et je n'aime pas devoir me plier à quelque chose de rigide. En fait de scénario, celui des *Picaros,* s'il est terminé dans les grandes lignes, va nécessairement bouger encore, se nourrir de gags, de suspenses... J'en reviens à votre question. Une fois le scénario mis au point, je procède au découpage, au découpage par page. Et ça, c'est le travail le plus difficile, parce qu'il faut un

1. Voir à ce propos l'entretien «Cinq».
2. *L'oreille cassée.*

ou une chute à la fin de chaque page. Et si, par exemple, an. . la page 42, je trouve une meilleure idée pour la page 15, tout est à recommencer depuis la page 15!... Du travail d'horloger, je vous assure. D'horloger ou de bénédictin. Ou d'horloger bénédictin...

— Vous faites toujours des histoires en soixante-deux pages?

— Toujours. Soit quatre cahiers de seize pages, moins deux pages de garde. C'est un impératif technique auquel il faut se plier.

— N'avez-vous pas envie, parfois, de composer des histoires plus ou moins longues?

— Bien entendu, mais il faut obéir aux règles de l'édition. Pour *Vol 714,* je m'étais trompé dans mes calculs: je croyais avoir deux pages de plus et j'ai donc dû beaucoup condenser la fin de l'histoire, ce qui, tout compte fait, n'est pas un mal... Avant guerre — avant de passer à la couleur —, mes albums n'étaient pas soumis à une telle limite: je m'arrêtais quand ça me chantait ou quand je n'avais plus rien à raconter[1]! Maintenant, je dois m'en tenir à ce cadre rigide de soixante-deux pages.

— Mais vous avez toujours donné l'impression d'aimer l'ordre dans le travail.

— Oui, je suis bien plus à l'aise dans un contexte strict que dans le flou du «génie». Des règles me sont nécessaires pour mener à bien ce que j'ai à faire. Des règles à moi. Et je me réserve la liberté d'en changer, bien sûr, quand il le faut.

— Revenons-en au vif du sujet: nous en étions au découpage.

— Donc, après avoir écrit un synopsis de deux ou trois pages, pas plus, j'effectue mon découpage sur de petites feuilles où je griffonne des croquis. Là sont esquissés les personnages et figurent déjà l'essentiel des dialogues, des indications de décor, etc. Cela fait, je passe au travail proprement dit sur planches grand format et, là, j'y vais de toutes mes forces, sans plus songer

---

1. Nombre de pages des albums en noir et blanc: *Soviets,* 130; *Congo,* 120; *Amérique,* 120; *Cigares,* 124; *Lotus,* 128; *Oreille cassée,* 128; *Ile noire,* 124; *Sceptre,* 106; *Crabe,* 104.

à rien d'autre qu'à donner à mes bonshommes le plus .e
plus de mouvement possibles. Et je crayonne, et je ratu. , et je
gomme, et je recommence jusqu'à ce que je sois satisfait. Mais il
m'arrive de percer le papier à force de retravailler un
personnage!...

— Jusque-là, donc, vous travaillez seul.

— Seul, oui, avec de temps à autre — je vous l'ai dit — un test
sur mes assistants. Cette planche grand format dont je viens de
vous parler constitue le brouillon. Lorsque ce brouillon me paraît
suffisamment poussé, j'en prends, case par case, un calque que je
reporte ensuite sur une autre feuille, qui sera la planche définitive.
Les textes, eux, sont mis au point avec mon collaborateur
Baudouin van den Branden, qui est intraitable — et il a raison! —
sur le choix d'un adjectif ou l'emplacement d'une virgule, et il
nous arrive d'avoir des empoignades épiques avant de tomber
d'accord! Cela fait, je passe la planche à mes assistants qui
s'occupent des décors (paysages, intérieurs, avions, autos, etc.).
Et là, il faut veiller à ce que ces décors, ou cet avion, ou cette
automobile soient bien dans le «style Tintin»: il faut que chacun
de ces éléments ne soit ni trop simplifié, ni trop détaillé, que
chacun d'eux reste à sa place et se fonde dans l'ensemble. J'allais
oublier les séances de pose, indispensables parfois pour arriver à
rendre de la façon la plus juste possible et la plus expressive
possible telle ou telle attitude d'un personnage. Généralement,
c'est moi qui prends la pose et un de mes assistants qui me
«croque». Pourquoi? Parce qu'il est infiniment plus facile et plus
rapide de tenir moi-même le rôle du personnage à représenter, que
d'expliquer à quelqu'un d'autre l'attitude qu'il doit prendre. Enfin,
les dessins sont mis à l'encre, par mes collaborateurs pour les
décors, pour les personnages toujours par moi-même. Et cette
page enfin terminée est envoyée à l'imprimerie qui, elle, nous
retourne une épreuve pour le coloriage... Mais j'ai oublié, en
parlant des décors, de vous signaler, à ce stade-là, l'importance de
la documentation... Pour tout ce qui concerne les costumes,
l'architecture, les moyens de locomotion, la flore, la faune des
pays où va se promener Tintin, il est indispensable de consulter
des livres, des photos, des gravures. Et traduire en dessins des
documents pour la plupart photographiques, ce n'est pas si simple
que ça, croyez-moi!... Quant aux textes, ils sont tapés à part et

calibrés pour pouvoir être placés dans les bulles, qui sont évidemment calculées en fonction de l'encombrement du texte...

— Quel boulot! Je comprends ici l'utilité d'un studio comme le vôtre. Mais tout cela ne se fait pas en bloc, j'imagine?

— Cela se fait généralement au fur et à mesure des nécessités de la publication. Mais cette fois, je voudrais que l'histoire à laquelle je travaille présentement soit terminée avant de la donner à publier dans *Tintin*. Actuellement, ça n'avance pas fort parce qu'un dessin animé est en cours[1]. Et puis j'ai aussi découvert les plaisirs de l'existence! «Monsieur le Trouhadec saisi par la débauche»!...

— Pourquoi continuez-vous de travailler?

— Pourquoi? Mais parce que ça me plaît, parce que ce travail m'amuse. Tous mes «Tintin», je les ai toujours faits en m'amusant. Ce qui est vrai, toutefois, c'est que je travaille actuellement à un rythme beaucoup plus lent qu'autrefois et que je prends aussi le temps de vivre... Par exemple, je me suis mis à voyager...

— Est-ce un besoin inconscient de fuir qui vous pousse loin de votre studio?

— Il n'est pas question de fuir. Plutôt le besoin de voir, de découvrir le monde, de recharger mes accumulateurs!...

— Ce n'est pas pour «vivre», comme on dit, que vous continuez votre travail?...

— Eh bien! non. Si je voulais, je pourrais m'arrêter. Et légitimement, d'ailleurs, puisque j'ai atteint l'âge de la retraite!

— Est-ce pour ne pas décevoir les gens, vos lecteurs, pour ne pas abandonner vos collaborateurs?... Après *Vol 714,* le bruit a couru — un de plus sur votre compte! — que vous alliez vous retirer et vous consacrer à la décoration de votre château...

— Quel château? Celui du Midi de la France, celui en Suisse ou

---

1. *Tintin et le lac aux requins,* sorti à Noël 1972.

un de ceux que j'ai notoirement bâtis en Espagne?... Non, non, pour le moment, en tout cas je n'ai pas l'intention de dételer.

— Le travail pourrait-il se faire sans vous?

— Sans moi? Eh bien sincèrement, je ne le crois pas. Il y a, certes des quantités de choses que mes collaborateurs peuvent faire sans moi et même beaucoup mieux que moi. Mais faire vivre Tintin, faire vivre Haddock, Tournesol, les Dupondt, tous les autres, je crois que je suis le seul à pouvoir le faire: Tintin (et tous les autres) c'est moi, exactement comme Flaubert disait: «Madame Bovary, c'est moi»! Ce sont *mes* yeux, *mes* sens, *mes* poumons, *mes* tripes!... Je crois que je suis seul à pouvoir l'animer, dans le sens de donner une âme. C'est une œuvre personnelle, au même titre que l'œuvre d'un peintre ou d'un romancier: ce n'est pas une industrie! Si d'autres reprenaient «Tintin», ils le feraient peut-être mieux, peut-être moins bien. Une chose est certaine: ils le feraient *autrement* et, du coup, ce ne serait plus «Tintin»!...

— Vous avez tout à fait raison et je pense que vous êtes arrivé à faire admettre cela par vos lecteurs. «Tintin» n'est pas une série ordinaire de bande dessinée: c'est une œuvre qui reste et restera liée à votre nom... Lorsque vous êtes venu à Nice, un collaborateur des éditions Casterman m'avait fait la remarque suivante: «Tintin est réellement pour Hergé l'enfant qu'il n'a pas eu»...

— C'est possible: je l'ai élevé, protégé, nourri, comme un père élève son enfant. Malgré tout, je crois être assez adulte pour pouvoir me passer d'enfant adoptif; je n'en ai pas besoin, me semble-t-il!...

— Votre travail est-il pour vous un véritable besoin?

— Il l'a été; il ne l'est plus. Parce que, justement, je suis devenu plus adulte, parce que mes problèmes, je les ai résolus, que je me suis accepté, que je n'ai plus besoin d'être un héros par procuration.

— Vous avez liquidé vos démons, n'est-ce pas?... J'ai remarqué combien les délais d'attente entre deux histoires s'étaient allongés vers la fin: trois ans entre le *Tibet* et *Les bijoux,* cinq ans entre *Les bijoux* et *Vol 714...* Maintenant, nous attendons les *Picaros* depuis cinq ans, et vous avez à peine commencé!... C'est comme un disque qui ralentirait peu à peu. Je me demande si vous avez vraiment envie de vous y mettre.

— Oui, j'ai toujours envie. Mais plus de la même façon. Il est certain que l'âge est là: je cours moins vite qu'avant et — conséquence inattendue! — Tintin et le capitaine Haddock courent aussi moins souvent et moins vite, font moins de choses violentes, aspirent davantage au calme. C'est un signe...

— *Les bijoux de la Castafiore,* c'était vous complètement, je suppose?

— Comme tous les autres, d'ailleurs. Celui-ci, c'est presque le «voyage autour de ma chambre», le triomphe du repos.

— Après l'intermède significatif des *Bijoux,* vous avez partiellement renoué avec l'aventure pour *Vol 714.* On a prétendu que c'était pour obéir aux pressions des lecteurs...

— Pas du tout! Dans ce domaine, je n'ai jamais obéi à personne d'autre qu'à moi-même! D'ailleurs, *Vol 714* ne me paraît pas un retour à l'aventure traditionnelle: c'est encore un épisode insolite dans ma production. J'ai l'impression que *Tintin et les Picaros* sera davantage conforme à la norme...

— Je ne sais toujours pas pourquoi vous avez continué de travailler!

— Eh bien, parce que ça m'amuse, pour donner du travail à mon entourage, pour ne pas décevoir les amis, pour ne pas dételer complètement: il y a un petit cocktail de raisons diverses!... Notez que je ne me vois pas «tintiner» jusqu'à l'âge de quatre-vingts ans! Mais on ne sait jamais!... Peut-être vais-je changer. Peut-être me mettrai-je un jour à la bande dessinée, disons plus «philosophique», genre «Peanuts» ou «B. C.»... A l'heure actuelle, il faut le dire, le côté «aventures» me paraît un peu infantile par rapport aux choses que je voudrais exprimer. Je vous dis ça, et dans une heure, lorsque je me retrouverai devant ma planche à dessin, j'oublierai tout pour ne plus penser qu'à l'histoire que je raconte. Car je suis avant tout, me semble-t-il, un raconteur d'histoires.

— Ce contenu est donc conscient chez vous?

— Depuis peu de temps, vous savez: je suis venu très tard à la lucidité... La bande dessinée est mon unique moyen d'expression. Qu'y a-t-il d'autre à ma disposition? La peinture? Il faut y consacrer sa vie. Et comme je n'ai qu'une vie — et déjà largement entamée —, je dois choisir: la peinture, ou Tintin, pas les deux! Je ne peux pas être peintre du dimanche ou du samedi après-midi, c'est impossible!...

— Ne regrettez-vous pas d'avoir opté pour la bande dessinée?

— Absolument pas. Je crois avoir fait le mieux possible ce pour quoi j'étais réellement fait. Je sais que, si j'abandonne «Tintin», je pourrai toujours essayer la peinture. Mais je n'ai pas encore le désir de quitter mes personnages: j'ai le temps... Je me demande soudain s'il est possible d'exprimer dans un tableau tout ce dont nous avons parlé: la pollution, par exemple... Je pourrais à la rigueur effectuer des collages; couvrir ma toile de mouches mortes!... L'écriture est une autre forme d'expression possible mais elle ne me convient pas: je suis avant tout un visuel, un homme d'image.

— Le cinéma vous tenterait-il?

— Le cinéma, c'est comme la peinture: il implique un choix définitif, un complet engagement. Et puis, de toute manière, il est trop tard, à présent.

— J'en reviens au contenu de votre œuvre. On a toujours cherché beaucoup de significations aux histoires de Tintin. Mais, vous, de votre côté, vous avez souvent déclaré que ce n'était pas conscient, que vous cherchiez uniquement à «raconter une histoire»...

— Je ne cherchais peut-être pas «uniquement» à raconter une histoire, mais je cherchais «avant tout» à raconter une histoire. Nuance... Et à la raconter clairement. Mais une histoire, quoi qu'on fasse, est toujours porteuse d'un «message». Que j'en aie été conscient ou non, je me suis exprimé dans ce que j'ai écrit et dessiné; sans le vouloir et sans le savoir, j'y ai mis ce que je pensais, ce que je sentais, ce que j'étais. Je travaillais trop pour avoir le temps de m'analyser. Et au fond, c'est cela qui est bon: ne pas trop réfléchir, ne pas se pencher perpétuellement sur soi-même. *Faire* d'abord; voir ensuite! Il faut être un peu «bête» pour accomplir quelque chose!... En me lançant à corps perdu dans mes histoires, je m'exprimais totalement. Mais de cela, je ne m'en suis rendu compte que bien plus tard. Et avec le recul, je m'aperçois que cette façon de m'exprimer était, pour l'époque, relativement contestataire. J'ai montré des marchands de canons, des dictateurs bellicistes, des policiers véreux, des guerres provoquées par la haute finance, l'exploitation des peuples de couleur. Qui sait si le malentendu initial n'est pas dans le fait d'avoir considéré «Tintin» uniquement comme une lecture pour les enfants?! N'est-ce pas plutôt un bien mauvais exemple pour la jeunesse? Vous ne trouvez pas? Mais je dis ça «cum grano salis»...

— Ne riez pas: je ne suis pas loin de penser, en effet, que tout ça est un mauvais exemple pour la jeunesse!... En tout cas, le malentendu dont vous parlez ne date pas d'aujourd'hui. Regardez La Fontaine...

— ... Qui n'est pas du tout, mais alors pas du tout un auteur «pour enfants». Quant à Tintin, disons donc qu'il est, en principe, destiné à la jeunesse, avec, parfois, un clin d'œil discret aux adultes...

— *Tintin au Tibet* est le premier épisode d'une série qui tranche sur votre production habituelle: chaque nouvelle histoire y est un renouvellement par rapport à la précédente. Si nous prenons ces derniers albums, depuis le *Tibet,* quelle évolution marquent-ils chez vous?

— Le *Tibet* coïncide avec une période de crise qui s'est traduite, je crois, par une simplification. J'ai mis en évidence un sentiment simple, mais fort: l'amitié. Et j'ai renoncé à toute la panoplie du dessinateur de bandes dessinées: pas de «mauvais» (même le yéti — celui qu'on appelle déjà, sans le connaître, l'«abominable homme des neiges» — même le yéti est un bon bougre!), pas d'armes, pas de combats, sauf celui de l'homme contre lui-même et contre les éléments hostiles. Tout ça dans un décor de haute montagne, de neige et de glace qui signifie, symboliquement, la recherche d'un idéal, d'une certaine pureté... Mais tout cela était inconscient de ma part. C'est après coup que l'on m'a mis le nez sur ces choses. Voilà pour le *Tibet*.

— Vient ensuite *Les bijoux de la Castafiore,* qui est encore différent...

— En commençant cet album, mon ambition était de simplifier encore, de m'essayer à raconter, cette fois, une histoire où il ne se passerait *rien*. Sans aucun recours à l'exotisme (sauf les romanichels: l'exotisme qui vient à domicile!). Simplement pour voir si j'étais capable de tenir le lecteur en haleine jusqu'au bout. Et, là encore, j'ai découvert après coup des tas de choses!

— Faisons le point. Premier tournant: *Le Lotus.* Ensuite, jusqu'au *Tibet,* un schéma d'aventure pratiquement identique. A partir du *Tibet,* on trouve un thème central et d'importantes parenthèses où vous laissez parler votre subconscient. Serait-ce donc le dernier de vos albums, *Vol 714 pour Sydney,* qui marquerait une sorte de «prise de conscience»?

— C'est un bien grand mot!... Disons que l'évolution y est peut-être plus tranchée, plus visible. Je voulais partir d'une aventure «classique» pour déboucher, à un moment donné, sur une simple question (sans réponse d'ailleurs!): n'y aurait-il pas par hasard d'autres mondes habités?... Et en cours de récit, je me suis rendu compte qu'en définitive, Rastapopoulos et Allan n'étaient que de pauvres types. Oui, j'ai découvert ça après avoir habillé Rastapopoulos en cow-boy de luxe; il m'est apparu tellement grotesque, accoutré de cette façon, qu'il a cessé de m'en imposer! Les «méchants» ont été démystifiés: en définitive, ils sont surtout ridicules, pitoyables. Vous voyez, c'est là que j'ai évolué. D'ailleurs, ainsi déboulonnés, mes affreux me paraissent un peu plus sympathiques: ce sont des forbans, mais de pauvres forbans... Avec Carreidas, je me suis aussi écarté de la dualité traditionnelle bon-mauvais. Carreidas est parmi les «bons» de l'histoire. N'empêche que ce n'est vraiment pas un joli monsieur! Il est tricheur dans l'âme. Et voyez la discussion entre lui et

Rastapopoulos où, sous l'action du sérum de vérité, ils se vantent tous les deux des pires méfaits[1]... En voilà un bel exemple pour les enfants: le monsieur riche et considéré — qui donne certainement beaucoup aux œuvres — et le bandit, au fond, les voilà tous deux dans le même sac!.. Ce n'est pas très «moral», ça...

— Oui, ça va très loin!

— Jusque-là, dans «Tintin», on ne trouvait que des personnages tout d'une pièce, des «bons» et des «mauvais»: ministres prévaricateurs, policiers corrompus, traîtres, gangsters, etc. Mais jamais encore on n'avait vu un personnage aussi ambigu que ce Carreidas: un «bon» loin d'être bon. Et des «mauvais» qui ne sont finalement que des minables...

— A propos d'autres mondes habités, à la fin de l'épisode, vous ouvrez une interrogation, mais vous donnez en même temps un début de réponse. Vous fixez donc des limites à notre rêverie. Cette fin nous laisse un peu sur notre faim!

— C'est juste. La manière dont j'ai conclu ne me satisfait pas non plus: il y en a trop ou pas assez! Mais il était difficile de terminer autrement que par un point d'interrogation. Et il est d'autre part certain que la présence de cette soucoupe volante rejoint les préoccupations actuelles concernant les «objets volants non identifiés», autrement dit, les «OVNI».

— Dans *On marché sur la Lune,* au contraire, vous avez admirablement mené la scène de la découverte par les Dupondt de traces sur le sol lunaire[2]. Tout est construit de façon qu'on ne puisse réellement savoir si ce sont les traces des détectives ou des empreintes laissées par d'autres pieds. C'est vrai: si l'on veut y regarder attentivement, le doute est permis...

— Eh bien! c'est un détail auquel je n'avais pas songé. Mais il est vrai que je ne voulais pas trop m'avancer à donner des solutions quant à la probabilité d'une vie sur la Lune: on ne sait jamais, n'est-ce pas?... Et d'ailleurs, les thèses de Jean Sendy m'ont

1. *Vol 714 pour Sydney,* pp. 31 et 32.
2. *On a marché sur la Lune,* pp. 30 et 31.

fortement troublé... Et il y a encore autre chose, dans *On a marché sur la Lune:* le problème de l'eau. Tout le monde le sait maintenant: il n'y a pas d'eau sur la Lune... Or, on vient pourtant d'assister à une espèce d'éruption de vapeur qui tendrait à remettre en question bien des théories. Qui sait s'il n'y a pas d'eau, là-haut, sous forme de glace, justement? C'était la thèse — ou plutôt l'hypothèse — que m'avait suggérée Bernard Heuvelmans. Wait and see... Pour en revenir à *Vol 714,* j'y ai placé en fait deux interrogations: y aurait-il d'autres mondes habités? Y aurait-il des «Initiés» qui le savent? D'où, l'apparition de Bergier-Ezdanitoff...

— Sans doute aviez-vous lu Charroux?

— Naturellement.

— Vous reproduisez ses espèces de cosmonautes de la préhistoire...

— Je suis en effet parti de Charroux. Et aussi, de ce besoin de démystifier les mauvais... Mais la fin ne me plaît pas, je suis bien de votre avis. Je m'en suis tiré tant bien que mal par la séquence de la télévision: c'était un petit tour de force que d'essayer de tout dire en variant les plans...

— Cette scène de la télévision est parfaite à tous points de vue: elle préserve en effet une partie du mystère, et c'est un admirable gag où les Lampion font merveille!

— Ah! Lampion... J'ai voulu que ce soit lui qui ait des doutes! La suffisance bourgeoise et «belgicaine»... Vous avez dû souvent le rencontrer en Belgique, non?

— Vous savez, je l'ai vu aussi en France!

— Oui, il doit exister en France également. Mais peut-être est-il plus marqué ici: le Bruxellois rebondi et sûr de lui! Celui à qui on ne la fait pas!... Et l'accent «Beulemans» par-dessus tout ça... Lampion et cette famille odieuse! Quelle horrible chose!

— Je vais vous faire une confidence: lorsque j'étais à Djibouti, alors que j'avais à peine trois ans, le premier livre dont je me

souvienne avoir fait la connaissance est *Tintin au Congo.*
Justement, j'y étais né, au Congo! Et je sais que j'ai appris à lire
dans ce livre-là et dans le suivant, l'*Amérique!*

— Ah, ça, c'est amusant!... Et c'est encore plus amusant, quand
vous me dites Djibouti, parce que vous savez que je me suis
inspiré de Henry de Monfreid, non seulement un peu pour *Coke
en stock,* mais surtout dans *Les cigares du pharaon:* c'est lui, le
trafiquant d'armes qui recueille Tintin dans son boutre!...

— Puisque nous sommes sur ce sujet, pourquoi avez-vous réécrit
le texte de *Coke en stock?*

— Bon, je vois où vous voulez en venir!... On m'avait reproché de
faire parler mes Noirs en «petit nègre», ce qui signifiait n'est-ce
pas? que j'étais bel et bien un méchant raciste! Dans la nouvelle
version de l'album, je les fais s'exprimer comme dans les romans
traduits de l'américain. C'est plus direct et certainement plus juste
aussi. Ils ne disent plus: «Missié, nous y'en a», mais: «M'sieur, on
est»... Il est vrai que le style «y'a bon Banania» est tout à fait
conventionnel et peu conforme à la réalité. Mais comment faire
pour donner l'impression que ces Noirs parlent comme des
Noirs?... Pour le reste, mes Noirs ne sont ni ridicules, ni bafoués;
ou, s'ils le sont, ils ne le sont certainement pas plus que les
Blancs, ou les Jaunes, ou les Rouges que j'ai mis en scène. Mes
personnages sont tous des caricatures, ne l'oubliez pas!... Ceci dit,
mes Noirs, ici sont opprimés et Tintin prend leur défense, parce
que Tintin est, depuis toujours, contre l'oppression.

— Vous parlez de convention: il est certain que faire parler les
Noirs en «petit nègre» relève davantage d'une naïve tradition
comique que d'un racisme sous-jacent. Mais enfin, bon, il n'est
pas mauvais de bousculer parfois les traditions... Je crois que
Tintin au Congo, pour des raisons analogues, a subi une assez
longue quarantaine?

— Oui. Mais vous savez où il a reparu pour la première fois?
Dans une revue zaïroise!...

— On a souvent dit et répété que vous étiez raciste. C'est le
moment de mettre les choses au point: qu'avez-vous à dire pour

votre défense? Que répondez-vous quand on vous traite de «raciste»?

— Je réponds que toutes les opinions sont libres, y compris celle de prétendre que je suis raciste... Mais enfin, soit! Il y a eu *Tintin au Congo,* je le reconnais. C'était en 1930. Je ne connaissais de ce pays que ce que les gens en racontaient à l'époque: «Les nègres sont de grands enfants... Heureusement pour eux que nous sommes là! etc...» Et je les ai dessinés, ces Africains, d'après ces critères-là, dans le plus pur esprit paternaliste qui était celui de l'époque, en Belgique. Plus tard, au contraire, dans *Coke en stock* — et même si l'on y parle «petit nègre» —, il me semble que Tintin fait assez la preuve de son anti-racisme, non?... C'est comme avec les romanichels des *Bijoux.* L'attitude de Tintin et celle du capitaine Haddock sont identiques: ils prennent leur défense, à l'encontre de tous les préjugés. Seulement dans *Coke en stock,* en montrant des Noirs promis à l'esclavage et des Arabes esclavagistes, je fais aussi du racisme, mais vis-à-vis des Arabes, cette fois! On n'en finira jamais!... Pour le *Congo,* tout comme pour *Tintin au pays des Soviets,* il se fait que j'étais nourri des préjugés du milieu bourgeois dans lequel je vivais. En fait, *Les Soviets* et le *Congo* ont été des péchés de jeunesse. Ce n'est pas que je les renie. Mais enfin, si j'avais à les refaire, je les referais tout autrement, c'est sûr. Et puis quoi qu'il en soit, à tout péché miséricorde!... Et notez que, déjà dans *Tintin en Amérique,* je montrais la puissance blanche, la finance blanche exploitant les Indiens. Pour un «raciste», je ne cachais pas mes sympathies, il me semble! Et mes Chinois du *Lotus Bleu?* Souvenez-vous des avanies que les Blancs leur faisaient subir... Je ne cherche pas à m'excuser: j'avoue que mes livres de jeunesse étaient typiques de la mentalité bourgeoise belge d'alors: c'étaient des livres «belgicains»!...

— C'est un mot à vous, ça?

— C'est un mot du langage courant que j'utilise parfois: il est plus fort que «belge». Il exprime bien, je trouve, le côté suffisant et borné de certains de mes compatriotes.

— On vous accuse en outre d'être antisémite...

— J'ai effectivement représenté un financier antipathique sous des apparences sémites, avec un nom juif: le Blumenstein de *L'étoile mystérieuse*. Mais cela signifie-t-il antisémitisme?... Il me semble que, dans ma panoplie d'affreux bonshommes, il y a de tout: j'ai montré pas mal de «mauvais» de diverses origines, sans faire un sort particulier à telle ou telle race. On a toujours raconté des histoires juives, des histoires marseillaises, des histoires écossaises. Ce qui, en soi, n'a rien de bien méchant. Mais qui aurait pu prévoir que les histoires juives, elles, allaient se terminer, de la façon que l'on sait, dans les camps de la mort de Treblinka et d'Auschwitz?... A un moment donné, j'ai d'ailleurs supprimé le nom de Blumenstein et je l'ai remplacé par un autre nom qui signifie, en bruxellois, un petite boutique de confiserie: bollewinkel. Pour faire plus «exotique», je l'ai orthographié Bohlwinckel. Et puis, plus tard, j'ai appris que ce nom était, lui aussi, un véritable patronyme israélite!

— Vous n'êtes donc pas plus antisémite qu'ennemi des Noirs?

— Bien sûr! Et pas davantage anti-Jaunes!... Je ne sais pas si vous connaissez cette histoire qu'on racontait pendant la guerre. A un citoyen «occupé» on demandait: «Aimez-vous les Anglais? — Non. — Ah! vous aimez donc les Allemands? — Pas davantage. — Les Américains, alors? — Non plus. — Les Russes? — Non plus. — Mais qui aimez-vous donc? — J'aime mes amis.»

— Il me paraît évident que votre œuvre, pour qui sait la lire — je veux dire sans œillères — est une destruction d'un certain conformisme, qu'elle combat toutes les formes de fanatisme et d'intolérance.

— Vous le dites, et je le crois. Et d'ailleurs l'humour fait rarement bon ménage avec l'intolérance. Et de plus en plus, je m'attache à connaître et à comprendre, à rompre des barrières, au propre comme au figuré. Si je me suis mis à voyager (enfin!), ce n'est pas seulement pour voir de nouveaux paysages, pas seulement pour me documenter, mais pour découvrir d'autres modes de vie, d'autres façons de penser; en somme, pour élargir ma vision du monde. Tout cela, c'est en partie à Tchang que je le dois.

— Est-ce que ces idées font complètement partie de vous, maintenant?

— Je le crois. Il me semble avoir toujours défendu des principes de justice et de paix... Maintenant, serais-je quand même raciste à mon insu? Le racisme est une notion enracinée fortement dans l'esprit et difficile à extirper. Il faut beaucoup d'intelligence et de conscience pour ne pas rester replié sur soi-même, sur ses traditions propres, pour comprendre vraiment... Je pense au cas d'une amie belge qui vit à Tokyo, où elle a épousé un Japonais. Elle est très heureuse avec lui. Mais il leur a fallu à tous deux énormément d'intelligence, de courage et de lucidité pour se comprendre: ce sont deux mondes tellement différents qui se sont unis par ce mariage!... La barrière des cultures, des coutumes, des façons de vivre est indéniable. Si j'avais une fille, j'hésiterais sans doute à approuver son mariage avec un étranger, et cela pour lui éviter de futures difficultés... Mais lorsque je raisonne ainsi, peut-être suis-je encore raciste?

— Oui.

— Ah! ah! Diable!

— C'est refuser le problème sans le résoudre. Si tout le monde pense de la sorte, les choses ne progresseront *jamais!*

— Ecoutez, il faudrait alors que le mari de ma fille soit lui-même assez fort, assez dégagé d'un tas de principes pour que l'union puisse tenir.

— Donc, vous laisseriez votre fille épouser un étranger, mais pas *n'importe quel* étranger?

— De toute manière, la question ne se pose pas: je n'ai pas de fille!

Planche «Bidon» réalisée par Jacques Martin et Bob De Moor et parue
dans «L'Illustré» suisse comme étant d'Hergé…

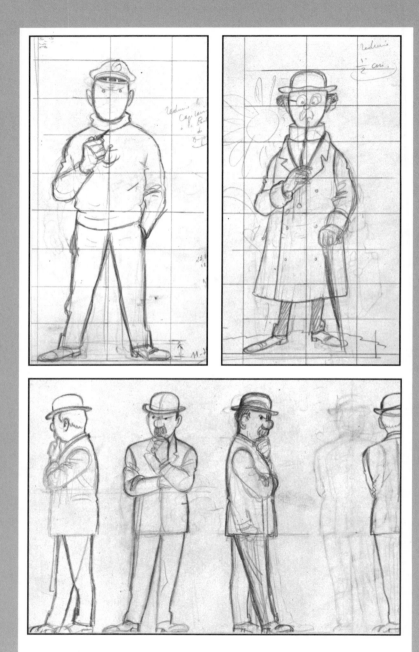

Esquisses et croquis.

Brouillon - Extrait du découpage d'une planche de «Vol 714».

DEUX

Hergé — Il n'y a pas très longtemps, au cours d'un cocktail, un personnage officiel me demande: «Combien d'albums faites-vous par an?» Je lui réponds: «Monsieur le ministre, la question devrait être plutôt: combien d'années vous faut-il pour faire un album?» — «Allons donc! s'écrie mon interlocuteur, j'en vois sortir tout le temps, de nouveaux *Astérix!*»... Cela rejoint une autre anecdote tout aussi savoureuse qui montre combien la célébrité en général, et celle de «Tintin» en particulier sont choses relatives. Je possède une maison de campagne, dans les environs de Bruxelles...

Sadoul — Un château!

— C'est ça, un château, un de mes innombrables châteaux!... Un jour que je m'y trouvais, en compagnie de ma femme et de quelques amis, nous avons reçu la visite de la fanfare d'une petite localité voisine. Les musiciens avaient déjà fait le tour des cafés des environs et, quand ils sont arrivés, dans une espèce de char-à-bancs, ils étaient sérieusement éméchés. Ils sont descendus, une bonne dizaine, et ils ont commencé, en rang, par compisser ma haie... Cette formalité accomplie, ils ont fait leur entrée triomphale, tarata boum pouët pouët!... Et ils ont alors répandu des flots d'harmonie. Après avoir bien joué, ils ont bien bu. La bière a coulé, elle aussi, à flots... Enfin, leur porte-parole a prononcé le traditionnel discours de remerciement. Discours qu'il a conclu en ces termes: «Et maintenant, chers amis, nous allons lever notre verre à la santé de Mossieu Remi, et crier tous ensemble, d'une seule et même voix: *Vive Spirou!*»... L'histoire est jolie, non?

— Ravissante!... Vous en avez beaucoup à raconter du même genre?

— Beaucoup, mais tout ça s'estompe, à la longue: il m'en est arrivé tellement, depuis que j'ai commencé à dessiner! Cela fait pratiquement partie de la vie de tous les jours. Combien de fois m'a-t-on demandé: «C'est vous qui faites Spirou?»... Aux autres, on demande d'ailleurs: «C'est vous qui faites Tintin?»... Pour un certain public tout ça c'est la même chose; ce sont des «petits bonshommes», des «petits Mickey», des «petits Tintin»!... Mais l'histoire de la fanfare est assez monumentale parce qu'elle semble préparée comme un gag: la mise en place, le crescendo, la chute, tout est merveilleux là-dedans!

— C'était avant *Les bijoux de la Castafiore,* je présume?

— Oui, et c'est naturellement ce qui m'a donné l'idée de l'Harmonie de Moulinsart, vous pensez bien[1]!... Une autre petite anecdote me revient en mémoire, très curieuse, celle-là dans un genre différent: après la sortie du dessin animé *Le temple du Soleil,* un petit lecteur m'a écrit, pas content du tout, pour me dire: «Je n'aime pas le capitaine Haddock au cinéma. Il n'a pas la même voix que dans les albums!» C'est ravissant, non?

— Dans le genre, avez-vous de mauvais souvenirs?

— De vrais mauvais souvenirs, non, je ne vois pas... Je pense à un ancien professeur d'anglais du collège Saint-Boniface — excellent professeur, au demeurant! — qui, chaque fois que je le rencontrais, me disait: «Et vous faites toujours vos petites vignettes?», ce qui avait le don de me mettre dans une rogne noire! Mes «vignettes»!... J'ai bien de mauvais souvenirs, mais alors c'est moi qui suis en cause; c'est moi l'affreux gaffeur, là-dedans...

HERGÉ RACONTE: LA VIEILLE DAME ET LE TAXI

Mon père, qui avait alors quatre-vingt-cinq ans et dont la santé déclinait, venait encore de temps en temps aux Studios: une

---

1. *Les bijoux de la Castafiore,* pp. 29 et 30.

*voiture allait le chercher au début de l'après-midi et le soir, je le
ramenais chez lui.*

*La seule difficulté consistait à le faire entrer dans une auto. Et
surtout à l'en faire descendre. C'était une gymnastique très
compliquée: il fallait d'abord extraire une jambe, puis le buste et
la tête (attention, le chapeau!), puis l'autre jambe. Et l'un ou
l'autre de ces éléments restait quelquefois coincé pendant un bon
moment. Je songeais parfois avec envie, au cours de ces
difficiles manœuvres, aux austères mais combien commodes taxis
londoniens, dans lesquels un «horse-guard» en grande tenue et
coiffé du bonnet à poils peut s'installer sans même devoir
courber la tête...*

*Ma voiture n'était pas, hélas! du même modèle, et en arracher
mon vieux papa constituait chaque fois une réelle performance.*

*Un soir, donc, je l'avais reconduit chez lui et je venais de le
quitter lorsque depuis le hall d'entrée de l'immeuble, je vois un
taxi arrêté, à l'intérieur duquel une vieille dame qui semblait très
caduque, agitait frénétiquement sa canne.*

*Premier réflexe: celui du boy-scout que je n'ai jamais cessé
d'être: «Je vais aider cette pauvre vieille dame». Réflexe-
boomerang: «Ah! non, ça suffit comme ça! Je ne suis pas
uniquement sur terre pour aider les personnes âgées à descendre
de voiture. D'ailleurs, c'est au chauffeur de ce taxi à s'occuper de
sa cliente. Et puis, je suis pressé. Qu'elle se tire donc d'affaire
toute seule!» Cela pour vous expliquer comment, deux secondes
plus tard, je me retrouvais devant la digne personne, lui tendant
une main secourable et lui disant, chevaleresque: «Je vais vous
aider, Madame.»*

*Surprise, elle ouvrit la bouche — probablement pour me
remercier — mais aucun son n'en sortit. Et elle resta à me
considérer avec une sorte d'inquiétude, tandis que sa compagne,
une autre vieille dame que je n'avais pas aperçue de prime
abord, me regardait également d'un air de profond étonnement.*

*Étonnement compréhensible, somme toute: il est tellement rare,
de nos jours, de rencontrer la galanterie qu'on est toujours
surpris de la voir surgir là, devant vous, à l'état chimiquement
pur!...*

*Bon. Je viens de vous dire que, grâce à mon père, j'avais acquis
une grande expérience dans le domaine de l'extraction. Sans
fatuité aucune, je me considérais comme un des meilleurs
extracteurs du moment. J'étais donc sûr que, grâce à mon*

assistance technique, la chère vieille chose allait littéralement jaillir de son taxi.

Plein de confiance, je commençai par me saisir de la canne qui, par suite d'un faux mouvement sans doute, était rentrée dans le taxi, et à l'en faire sortir; je saisis ensuite la cheville de la vieille dame et, délicatement mais avec fermeté, je tirai vers moi...

A ma grande surprise, rien ne vint! Le pied était resté, si j'ose m'exprimer ainsi, sur ses positions. Décidément, l'entreprise se révélait plus difficile que je ne l'avais cru. Un peu irrité par ce demi-échec, je me tournai vers le chauffeur qui paraissait vivement intéressé par le spectacle: «Ce que je fais ici, lui dis-je sévèrement, c'est vous qui devriez le faire, et pas moi!» Là, j'enregistrai un premier succès (sur un autre plan, il est vrai): au lieu de répliquer, le chauffeur resta bouche bée, comme pétrifié, à me considérer avec une sorte de respectueux effroi. (Croyez-moi, il est bon, parfois, qu'un homme au caractère bien trempé leur fasse la leçon, à ces gens-là...) Et sur ce, un peu ragaillardi, je me remis au travail. Les deux vieilles dames continuaient à me fixer sans mot dire. Le chauffeur se taisait, lui aussi. Quant à moi, je me concentrais sur mon entreprise: on aurait dit un film muet. Ce qui m'étonnait le plus dans tout ça, c'était le manque de coopération de la vieille dame. Il lui aurait suffi d'un rien de bonne volonté, me semblait-il, pour que toute l'opération fût terminée en un clin d'œil. Au lieu de cela, elle restait, passive et muette, à me considérer avec de grands yeux étonnés. A vous décourager de rendre service!

Je décidai de brusquer les choses et, saisissant des deux mains, cette fois, la jambe de la digne personne, j'opérai une traction énergique. (La canne, elle, était de nouveau à l'intérieur!)

Ce fut à ce moment que la vieille dame parla.

Elle parla, et ce fut pour me demander, d'une voix implorante: «Mais, Monsieur, que faites-vous donc?...» Alors, moi, un peu surpris (il me semblait pourtant que le but de mon intervention sautait aux yeux), mais sans me départir de cette exquise urbanité qui fait une grande partie — mais une partie seulement!
— de mon charme: «Vous le voyez, Madame: je vous aide à descendre de ce taxi.»

Et la réponse fut: «Mais, je veux monter dans ce taxi, moi, Monsieur!»

Lorsque je fus assez loin, de l'autre côté de la rue, j'osais jeter un coup d'œil furtif vers la voiture qui démarrait enfin.

Et je vis trois visages tournés vers moi, et trois paires d'yeux encore angoissés, trois paires d'yeux qui garderaient longtemps l'image de l'inquiétant, du dangereux maniaque qui tenait absolument à faire descendre de son taxi une vieille dame qui voulait, elle, y monter...
(Juillet 1972)

Hergé — ... Je me souviens d'une vieille histoire, qui remonte très exactement à 1930. J'étais en relation avec l'abbé Verhoeven, un ancien du collège Saint-Boniface qui était alors le précepteur des enfants de l'impératrice Zita. Celle-ci, mère des jeunes archiducs de Habsbourg, habitait le château de Steenockerzeel (elle possédait un vrai château, elle!...). L'abbé Verhoeven m'avait demandé de glisser de temps à autre une allusion à ses élèves, un «private-joke», dans *Tintin au pays des Soviets.* Ce que j'avais fait. Par exemple, l'un des enfants s'appelait Louis; en russe, cela donne «Luli», ou quelque chose d'approchant. J'avais donc introduit un «Lulitzosoff» dans mon histoire... Lorsque fut organisée la réception de Tintin, retour de Russie, je suis allé à Louvain prendre le train en provenance de Cologne, qui était donc censé revenir de Berlin, donc de la frontière russe. J'étais accompagné par un grand garçon qui avait accepté d'interpréter le rôle de Tintin et par un chien qui avait accepté de figurer Milou. J'avais aussi un énorme pot de «Gomina Argentina» pour fixer la houppe de mon héros et préparer ainsi son arrivée triomphale. Au comble de l'affolement, je me disais qu'il n'y aurait personne à l'arrivée, et cette pensée me rassurait quelque peu. En effet, d'ailleurs, il n'y avait pas grand monde sur le quai de la gare du Nord: des journalistes, des rédacteurs du *XXᵉSiècle,* et l'abbé Verhoeven, qui me dit: «Viens vite avec moi. L'impératrice Zita est là et désire que tu lui sois présenté!»... Et il m'entraîne. Moi, je regarde s'éloigner mon Tintin avec son chien. Je pense: «Qu'est-ce qui va se passer sans moi? Moi qui ai tout organisé! Son maquillage va fondre!»... Complètement affolé, je m'approche de l'impératrice, qui prononce quelques paroles très aimables. Mais je n'écoutais que d'un œil, si j'ose dire: je lorgnais toujours mon Tintin, qui s'éloignait. Et à un moment donné, je sais que j'ai dit à la noble dame — c'est un des plus mauvais souvenirs de ma vie — je lui ai dit: «Excusez-moi, Madame, mais on m'attend!»...

A l'impératrice! Paf! Mais j'avais des excuses, n'est-ce pas? Tintin m'attendait!

— Vous étiez déjà peu mondain!

— Très peu, oui. Et je ne me suis pas tellement amélioré... Et je fais des gaffes: à croire que j'adore ça! L'une des dernières remonte à deux ou trois ans: comme souvent vers midi, je me rends dans un galerie d'art voisine, pour voir les tableaux exposés et pour bavarder avec le propriétaire de la galerie et quelques amis. Et je tombe dans une réunion de sept ou huit messieurs en train de déguster du vin de Franconie, vous savez, ces petites bouteilles arrondies et plates... On me présente à ces messieurs: Untel, Untel, etc... et l'un d'eux s'appelait Pirotte, un nom bien de chez nous, que porte d'ailleurs un personnage de «Tintin»...

— Madame Pirotte, concierge du professeur Halambique, dans *Le sceptre d'Ottokar.*

— Oui. Et en l'honneur de ce vin germanique, je me mets à imiter l'accent allemand: «Ach! Frankenwein! Francôôônie! Das ist zer gutt bour la zandééé! Z'est drès pon, le Steinwein, drès pien!»... On rit, mais d'un rire un peu contraint. Bizarre... Au bout d'une demi-heure, un de ces messieurs se lève et dit: «Exguzez-moi, mais che tois prentre mon drain, maindenant, pour Stuttgart. Che rentre ze zoir»... Il s'agissait, non pas de monsieur «Pirotte», mais de monsieur «Pieroth», producteur de vin de Franconie!!!... Je ne sais pas pourquoi, mais j'ai un chic spécial pour ce genre de bourdes!

HERGÉ VICTIME DU 1er AVRIL — PREMIER ÉPISODE

Bruxelles, fin mars 1954: dans un cabaret de la ville, bien des années après sa gloire, Lilian Harvey tente une remontée sur les planches...
Hergé s'attendrit: «Oh! Lilian Harvey! J'irais bien l'entendre... Le chemin du paradis, Le congrès s'amuse... c'est toute ma jeunesse... Lilian Harvey!... Elle était si fraîche, si jolie: je l'adorais!...»
Désirant tirer profit de cette passion, Baudouin van den Branden

décide de monter, avec la complicité des Studios, un fameux canular: il dit à Hergé qu'on a téléphoné de la part de Lilian Harvey, qu'elle a un fils d'une quinzaine d'années, que ce fils aimerait beaucoup avoir une dédicace et que, par conséquent, un album serait apporté au bureau dans trois ou quatre jours... Trois ou quatre jours après, c'est le 1er avril.

Déjà bouleversé, Hergé demande si Lilian Harvey viendra en personne. «Ça, répond négligemment van den Branden, on ne m'a rien dit...»

Trois ou quatre jours plus tard... Comme un visiteur quitte le bureau où se trouvent Hergé, van den Branden et Jacques Martin, une collaboratrice vient annoncer, l'air faussement indifférent: «Il y a là un madame Harley, ou Harney...

— Harvey? s'écrie Hergé.

— Ah! c'est possible... dit la collaboratrice.

— Comment est-elle? questionne Hergé, pressant.

— Comme ça...», répond dubitativement la collaboratrice, qui sort.

Au comble de l'émotion, Hergé invite ses compagnons à rester, rectifie sa cravate, murmure: «Ça me fait quelque chose de la revoir, vous savez!»...

On frappe à la porte. Hergé s'avance. La porte s'ouvre...

Sachant Lilian Harvey toute petite, Hergé regarde d'instinct vers le bas; *et dans l'encadrement de la porte, se dresse une silhouette de grenadier, un grenadier outrageusement maquillé, avec le manteau de fourrure de son épouse, le chapeau-cloche de sa belle-mère, bref, Bob De Moor et ses 1,88 m de haut!*

Abasourdi, Hergé s'efface poliment. Bob-Lilian fait quelques pas dans le bureau, se retourne. Le regard d'Hergé, d'abord dirigé vers le bas, *se met à remonter progressivement jusqu'au visage. Alors seulement, sous le ridicule chapeau-cloche, à 1,88 m du sol, il voit des lunettes d'écaille, des moustaches...*

«Nom de Dieu! Bob!», hurle-t-il.

Adieu, le beau rêve!... Baudouin van den Branden fait remarquer: «Si tu avais su qu'on était le 1er avril, tu te serais méfié!»

A quoi Hergé répond, sublime: «Comment veux-tu que je sache qu'on est le 1er avril?»

Réplique (et mésaventure) que n'eût pas désavouée le capitaine Haddock...

Sadoul — L'histoire de l'impératrice contrebalance bien celle du ministre.

Hergé — Toujours ma nature Gémeaux, sans doute!... Je suppose que, pour moi, les choses doivent toujours s'équilibrer de la sorte.

— C'est comme vos dessins, qui sont un modèle d'équilibre.

— C'est gentil, ça!... Il est probable, en effet, que c'est ce que je recherche dans mes dessins, une sorte d'équilibre. Mais c'est évidemment inconscient. Ce qui est tout à fait conscient, au contraire, c'est ma recherche de la «lisibilité». Rien n'est jamais gratuit; je refuse les effets purement décoratifs ou esthétiques. Je le répète, mon premier objectif est d'être lisible. Et tout le reste y est subordonné.

— Vous construisez en somme vos images comme un poète fignole sa phrase, suivant des rythmes, des ruptures... Il y a une *respiration.*

— C'est exactement ça: il y a une respiration qui est essentielle. La grande difficulté, semble-t-il, dans la bande dessinée, c'est de montrer exclusivement ce qui est nécessaire et suffisant pour l'intelligence du récit; rien de plus, rien de moins. Le lecteur doit pouvoir suivre aisément la narration. Il y a, notamment, une règle absolue: dans nos pays, on lit de gauche à droite. Eh bien, même chez certains auteurs chevronnés, on trouve encore trop souvent des images où on lit d'abord: «Pas mal et toi?», et ensuite seulement: «Comment vas-tu?», parce que ces auteurs ont oublié la règle du sens de la lecture. Quand je montre un personnage qui court, il va généralement de gauche à droite, en vertu de cette règle simple; et puis, cela correspond à une habitude de l'œil, qui suit le mouvement et qui l'accentue: de gauche à droite, la vitesse paraît plus grande que de droite à gauche. J'utilise l'autre sens quand un personnage revient sur ses pas. Si je le faisais courir toujours de droite à gauche, il aurait l'air, à chaque dessin, de revenir en arrière, de se poursuivre soi-même...

— Recevez-vous beaucoup de dessins de débutants?

— Grosso modo, je reçois trois ou quatre envois par semaine. J'y réponds toujours et le plus consciencieusement possible.

— Je suppose que la majorité de ces envois ne présente pas un grand intérêt. Mais est-ce qu'il vous arrive d'être vraiment enthousiasmé par la production d'un débutant?

— Cela m'est arrivé. Et cela m'arrive encore, mais rarement. Certains d'entre eux sont aujourd'hui des professionnels qui ont tenu les promesses de leurs débuts. Il m'est d'ailleurs arrivé de drôles d'aventures, à ce sujet. Un garçon m'avait envoyé des histoires dessinées où j'avais été frappé par la qualité du récit, alors que le dessin était manifestement mauvais. Je le lui ai dit, je l'ai encouragé à écrire, à délaisser le crayon pour la plume: il est devenu écrivain, a publié des romans, en particulier un western dans l'hebdomadaire *Tintin*...

— Voulez-vous parler de Pierre Pelot?

— C'est ça, l'auteur de *Dylan Stark,* une bonne histoire, n'est-ce pas?

— Je ne sais pas: dans les journaux de bandes dessinées, je ne lis que les bandes dessinées! C'est un principe...

— Ah?... Bon... Il faut parfois s'accrocher à ses idées!...

— Quels sont les dessinateurs que vous appréciez?

— Question terriblement embarrassante. Pour ne pas me faire d'ennemis, je devrais les citer tous!... Mais voici tout de même quelques noms, pêle-mêle... Et pardon à ceux que j'oublie! Eh bien, je trouve Giraud remarquable. Hermann aussi. Fred, c'est merveilleux de poésie: j'adore ça! Et il y a surtout Franquin, le tout grand bonhomme: je l'admire beaucoup... Dans le genre classique, il y a Cuvelier. Quand je l'ai vu pour la première fois, il n'avait pas vingt ans et il m'a demandé des conseils... Des conseils, c'est moi qui aurais dû lui en demander! C'était superbe, ce qu'il faisait: un dessin d'une élégance extraordinaire. Macherot, voilà encore un grand créateur, et plein de sensibilité, plein de scrupules aussi. Qui d'autre?... Jacobs, bien sûr, qui m'a beaucoup appris: quelle exigence envers lui-même, et quelle honnêteté! c'est un dessinateur qui ne triche jamais!... Et puis naturellement Schulz, avec «Peanuts», Johnny Hart, dont j'adore le «B.C.»... Gotlib, Claire Bretécher...

— Et quels sont ceux que vous n'aimez pas?

— Question encore plus embarrassante. Vous me promettez de ne pas répéter ce que je vais vous dire, hein?... Je n'aime pas les «non-sincères», ceux qui recherchent le succès et font tout pour y parvenir. Je n'aime pas la putasserie, où qu'elle se trouve. Il y a trop de dessinateurs de cet acabit qui se livrent un combat sans merci pour caracoler au sommet des référendums (ou référenda)...

— Le référendum est-il à ce point essentiel?

— Pas pour moi, en tout cas. D'ailleurs, j'essaie de me tenir hors du coup; je ne veux plus me mêler à toute cette salade.

— Vous avez du mérite à demeurer en retrait; c'est assez difficile et ingrat de s'en tenir à cette attitude. Mais je suppose que vous avez quand même des ennemis?

— Peut-être, mais comme je ne les connais pas, ça ne me tracasse pas... J'ai eu longtemps des ennemis — relativement inoffensifs, d'ailleurs — après la guerre, qui ont systématiquement essayé de me boycotter: j'avais collaboré à un quotidien pendant l'occupation allemande, j'étais donc un traître et un affreux... Mais c'est terminé, maintenant.

— Incontestablement, il y a eu un fort courant «anti-Hergé», en particulier dans les rangs d'une certaine intelligentsia «de gauche». Il est à la mode, parfois, de parler de vous avec la moue boudeuse de celui qui en sait long sur votre compte. Qu'en pensez-vous?

— Vous voulez dire que j'ai «mauvaise réputation» dans un certain milieu? C'est possible. Mais je me suis forgé une philosophie à ce sujet. Lorsque j'étais au *XXᵉ Siècle,* mon directeur, l'abbé Wallez, était un personnage très controversé. Comme il était d'extrême-droite, il se faisait régulièrement mettre en pièces par les journaux satiriques, comme *Pourquoi pas?,* etc... Je l'aimais beaucoup et je souffrais pour lui de le voir ainsi ridiculisé. Jusqu'au jour où il m'a expliqué que ces attaques le laissaient totalement indifférent: «S'il y a, disait-il, une mouche, là-bas, qui pète dans ma direction, que voulez-vous que ça me

Les aventures de Tintin et Milou au pays des Nazis.

Premier strip d'une bande «anti-Hergé» parue en septembre 1944 dans «La Patrie».

TINTIN POUR LES DAMES

Début d'un pastiche de Wolinsski dans «Hara Kiri» (1962).

fasse?»... Et petit à petit, l'idée a fait son chemin en moi, et je me dis, lorsqu'on m'attaque, que ça n'a pas beaucoup d'importance...

— Sans compter que la controverse est, publicitairement, très efficace. Je crois que le «divin» Dali n'a pas tort lorsqu'il déclare en substance: «Ce qui compte, c'est que l'on parle de moi, même en bien!»... Mais je me demande si ce n'est pas cette histoire des *Soviets* qui vous poursuit...

— Il est certain que c'était une prise de positon aussi violente que dérisoire. Mais, je vous le répète, il faut replacer tout ça dans son époque: nous étions en 1929, douze ans à peine après la Révolution d'Octobre et le massacre de la famille impériale... Vous ne pouvez pas imaginer le climat dans lequel je baignais alors! Avez-vous entendu parler de l'incendie du *Georges-Philippar,* dans les années 35? Ce paquebot a sombré en mer Rouge à la suite d'un incendie. A son bord, se trouvait d'ailleurs le journaliste Albert Londres, qui a péri dans ce naufrage... Articles dans *Le XXᵉ Siècle:* «A proximité du *Georges-Philippar,* il y avait un pétrolier soviétique: que faisait ce pétrolier soviétique dans la mer Rouge?»... Vous voyez le genre? Il est prouvé que ce navire a tenté de secourir le *Georges-Philippar.* Mais ici, avec la mauvaise foi politico-catholique du journal, les faits étaient légèrement modifiés! Et voilà l'atmosphère dans laquelle Tintin a vu le jour.

— En général, êtes-vous sensible aux critiques?

— J'avoue que je suis plus sensible aux compliments qu'aux critiques.

— Saine réaction!

— Mais les critiques honnêtes, sincères me font réfléchir. Et je suis capable de reconnaître mes erreurs. Quant aux critiques délibérément négatives, je les oublie. Je dois faire un effort pour me souvenir, par exemple, d'un article où Tintin était accusé d'homosexualité: amitié suspecte avec le capitaine Haddock!... Et même de zoophilie, à cause de Milou!... Énorme, non?...

— Est-ce parce que l'on trouve assez peu de femmes dans vos histoires?

— C'est exact qu'il y en a peu, mais ce n'est pas par misogynie. Non, simplement, pour moi, la femme n'a rien à faire dans un monde comme celui de Tintin: c'est le règne de l'amitié virile, et elle n'a rien d'équivoque, cette amitié! Bien sûr, il y a peu — ou pas — de femmes; ou alors, ce sont des caricatures, comme la Castafiore... Si je créais un personnage de jolie fille, que ferait-elle dans ce monde où tous les êtres sont des caricatures? J'aime bien trop la femme pour la caricaturer! Et d'ailleurs, jolies ou pas, jeunes ou pas, les femmes sont rarement des éléments comiques.

— C'est vrai. Et il en va de même dans toutes les civilisations: la femme est avant tout un objet de respect.

— Est-ce que c'est le côté maternel de la femme qui ne prête pas à rire?... Il est en effet curieux de constater que, dans beaucoup d'histoires en bandes dessinées, les femmes sont absentes. Ou alors, s'il y en a, elles sont rarement drôles.

— Donc, il n'y a pas chez vous un vieux fonds d'homosexualité refoulée qui se manifesterait?

— Je ne pense pas. On ne sait jamais, n'est-ce pas? Mais je ne le crois pas. Si j'avais des tendances à l'homosexualité, je ne vois pas pourquoi je m'en cacherais.

— Pour en revenir à votre «mauvaise réputation», on vous présente souvent comme un réactionnaire. Qu'en dites-vous?

— J'essaie avant tout d'être un homme de *bonne foi*. Je ne nie pas que j'ai un arrière fond de «droitisme», parce que j'ai fait mes études dans un collège catholique, comme un jeune bourgeois. Mais je ne me sens pas du tout «bourgeois», je ne me sens pas plus «de droite» que «de gauche»!... Ce qui est vrai, c'est que je suis un homme d'ordre.

— Je crois que les gens sont obnubilés par le fait que vous êtes Hergé, c'est-à-dire un homme «arrivé»...

— Quel est donc cet écrivain français à qui l'on disait de quelqu'un: «C'est un homme arrivé», et qui répondait: «Oui, mais dans quel état!»... Non, je ne me considère pas du tout comme un homme arrivé. On n'est jamais arrivé, on n'a jamais terminé sa propre évolution. La véritable arrivée, vous la connaissez, elle est la même pour tout le monde... Et d'ailleurs, à quoi serais-je «arrivé», selon vous?

— Mais aux honneurs, à la gloire, à la richesse...

— Admettons! Mais ça, c'est déjà le passé et je vous assure que pour moi, l'important, c'est le présent, c'est l'avenir. Je suis de plus en plus curieux de la vie, de la vie sous toutes ses formes, passionné par tout ce qui se passe autour de nous, dans ce monde en pleine effervescence, en pleine transformation... Non, je n'aimerais pas du tout être un homme «arrivé», un homme qui s'est assis une fois pour toutes dans un fauteuil doré et qui n'en bouge plus! Lorsque je mourrai, alors, mais alors seulement, on pourra dire que je serai arrivé...

— Sans doute êtes-vous un homme organisé?

— Je déteste le désordre et la confusion, c'est vrai. Sur ce plan, j'ai un côté «bourgeois» très prononcé: j'aime bien l'ordre dans ma maison, dans mes idées, et je suis prévoyant. Je vous l'ai dit, le présent et l'avenir m'intéressent plus que le passé.

— Y a-t-il d'autres choses que vous auriez aimé faire?

— J'aurais tout aimé faire! Et tout *bien faire!* J'aurais aimé pratiquer tous les sports, j'aurais aimé peindre, composer de la musique, jouer du piano, piloter un avion, découvrir des civilisations disparues... Bon, maintenant, je me dis que, si j'ai fait ce que j'ai fait, c'est que j'étais fait pour le faire!... Mais il m'a fallu du temps pour l'admettre: j'ai longtemps considéré la bande dessinée comme une farce, comme une amusette; en tout cas, comme un art mineur. Mais, il n'y a pas d'art mineur! J'ai découvert cela il y a quelques années, lorsque j'ai rencontré des peintres et des sculpteurs, et que nous avons ensemble parlé de nos problèmes respectifs: c'étaient au fond les mêmes. Le processus de la création est identique, la recherche d'un équilibre est identique: nous avons tous besoin de nous exprimer par les moyens qui nous sont propres.

— C'est en cela que la bande dessinée est originale: elle est à la fois un art et un artisanat.

— Tout comme la peinture, tout comme la sculpture. Il y a dans ces disciplines une part énorme de labeur, de travail manuel, toute une préparation technique qui procède de l'artisanat.

— Etes-vous bricoleur?

— Assez peu. Mais j'aime bien, de temps en temps, me frotter aux difficultés de l'existence: je sais maintenant à peu près comment réparer une prise de courant!... Je n'en suis pas peu fier!...

— Vous parliez de sport, à l'instant...

— Oui, j'aurais aimé faire de la montagne, de l'aviation, j'aurais aimé très bien jouer au tennis, au ping-pong, très bien nager... Enfin, je n'ai pas fait tout ça mais je suis content: je nage convenablement, je fais de la montagne (à vaches!...), je joue un peu au ping-pong... Tout va bien, en somme!

— Vous êtes en bonne santé?

— Oui. Je n'ai jamais eu de pépins, sinon les petits ennuis de tout le monde...

— Parlez-moi de votre enfance.

— Mon enfance? Vous êtes terrible: un véritable inquisiteur!... Tout à fait quelconque, mon enfance. Dans un milieu très moyen, avec des événements moyens, des pensées moyennes... Pour moi, le «vert paradis» du poète a été plutôt gris. Les choses ont changé quand je suis entré au *XXe Siècle,* car l'abbé Wallez a eu sur moi une énorme influence. Pas du tout du point de vue religieux, mais il m'a fait prendre conscience de moi-même, il m'a aidé à voir clair en moi. Auparavant, je vous le répète, c'était la grisaille: mon enfance, mon adolescence, le scoutisme, le service militaire, tout était gris. Une enfance ni gaie, ni triste, mais plutôt morne. Je n'étais pas malheureux chez moi, loin de là. Au contraire, mes parents étaient très bons et m'ont entouré de beaucoup d'affection. Mais il n'y avait jamais une étincelle. Pas de livres, pas d'échanges d'idées, rien... Ma jeunesse, vous savez, je ne la regrette pas. Je me sens tellement mieux maintenant!

— Et c'est donc quand vous avez commencé de travailler que tout a changé?

— Oui, grâce à l'influence de l'abbé Wallez. Et, sur le plan professionnel, c'est surtout avec *Le Lotus bleu* que des horizons nouveaux se sont ouverts pour moi: Wallez plus Tchang, il s'est passé quelque chose. Il faut croire cependant que les premiers «Tintin» avaient déjà des qualités, puisqu'ils ont eu du succès tout de suite... Mais j'ai été lent à prendre conscience. Je vous envie, vous les jeunes d'aujourd'hui, d'être déjà ce que vous êtes. Les choses ont changé tellement vite: il y a maintenant une maturité étonnante chez les jeunes, inconcevable il y a seulement vingt ans!

— Je me demande si la cause n'est pas l'explosion subite des moyens d'expression et de communication, la vulgarisation des media, l'ouverture au monde par les voyages, la presse, la télévision... Les jeunes ont été très vite confrontés aux réalités: ils ont mûri plus rapidement que ceux des générations précédentes.

— Je vous écoute, et je me dis que jamais, à votre âge, je n'aurais été capable de parler de la sorte. La maturité de votre génération fait mon admiration. La plupart des gens de ma génération à moi ne sont jamais devenus mûrs!...

— Parlez-moi de votre carrière jusqu'à la fondation du journal *Tintin.*

— Je vous en ai déjà dit deux mots, je crois. J'ai donc commencé dans *Le Boy-Scout belge,* en 1923 — j'avais dix-sept ans —, avec «Totor». Puis j'ai travaillé au *Petit Vingtième* de 1929 à 1940: c'est là que «Tintin» a paru pendant toute cette période d'avant-guerre, conjointement avec *Cœurs vaillants* en France. En 1940, je suis entré au journal *Le Soir,* où je suis resté jusqu'à l'arrivée des Anglais à Bruxelles, en septembre 1944. A ce moment, j'ai été mis à l'index: on me reprochait d'avoir dessiné pour un journal ayant paru sous l'occupation allemande, d'avoir fait partie d'une équipe de journalistes d'Ordre nouveau, et donc d'avoir été un «kollaborateur»...

— Raciste, réactionnaire et fasciste: la panoplie est complète!

— Oui, méfiez-vous: vous avez devant vous un individu assez peu recommandable!... J'ai été arrêté quatre fois, chaque fois par des services différents, mais je n'ai passé qu'une nuit en prison; le lendemain on m'a relâché. Je n'ai cependant pas figuré au procès des collaborateurs du *Soir,* j'y étais en spectateur... Un des avocats de la défense a d'ailleurs demandé: «Pourquoi n'a-t-on pas aussi arrêté Hergé?», ce à quoi l'auditeur militaire a répondu: «Mais je me serais couvert de ridicule!»... J'ai donc été tenu à l'écart. Bien sûr, les Casterman, eux, ne m'ont jamais laissé tomber. Et au début de 1946, un résistant notoire, Raymond Leblanc, n'a pas eu peur de choisir le nom de Tintin pour l'hebdomadaire qu'il voulait lancer. Il m'a demandé de réunir une équipe. J'ai évidemment accepté et j'ai tout de suite pensé à Jacobs, avec qui j'avais déjà travaillé, à Jacques Laudy, que je connaissais également et qui était plein de talent, ainsi qu'au jeune garçon qui était venu un jour me montrer ses dessins, Paul Cuvelier: voilà la «petite formation» grâce à laquelle le journal *Tintin* a vu le jour, le 26 septembre 1946.

— Belle équipe! Mais Laudy n'a pas tenu longtemps.

— Plusieurs années, tout de même, jusqu'à fin 1960, si mes souvenirs sont bons. Avec des interruptions. Laudy est un type extraordinaire, mais c'est l'homme du Moyen-Age: quand il vient me voir, il refuse de prendre l'ascenseur!... Il n'a jamais pu ou jamais voulu s'adapter réellement à la technique de la bande dessinée. Et pourtant, quel talent et quelle poésie, dans ce qu'il faisait! Mais il se considère comme un peintre et un illustrateur avant tout. Tel est le cas de Laudy. Il y en a d'autres: Beuville, par exemple. Nous avions pour lui, Jacobs et moi, la plus grande admiration. Et nous sommes allés le trouver pour le décider à travailler avec nous pour *Tintin.* Il nous a alors déclaré cette chose incroyable: «La bande dessinée ne m'intéresse pas. Vous comprenez, vous autres, quand vous ne savez plus quoi faire, vous mettez un texte pour cacher le dessin! C'est du remplissage!»... Énorme, non!... Je crois que pour Beuville, comme pour beaucoup d'autres — et Paul Cuvelier en est un exemple frappant —, seule la Peinture a droit à une majuscule. Pour eux, la bande dessinée

Première et unique planche inédite d'une histoire d'Hergé / Jacobs, vers 1945.

Première et unique planche inédite d'une autre histoire d'Hergé / Jacobs, vers 1945.

n'est tout au plus qu'un art mineur, quand ce n'est pas tout simplement une activité à caractère uniquement alimentaire. Ils font des bandes dessinées pour vivre, mais ils louchent vers le grand «Hart», avec une H majuscule comme dans «Hamour»! et font, en règle générale, de la peinture sans grand intérêt. Car ces deux moyens d'expression n'ont strictement rien de commun ni de comparable: ce sont deux langages différents, avec leurs lois propres... Beuville a néanmoins consenti à illustrer des contes et un roman d'Eugène Sue, *Le morne au diable,* ce qui me rappelle une anecdote: le secrétaire général du journal réunissant ses collaborateurs et disant: «Il faudra demander à Eugène Sue de modifier son scénario: ça traîne, cette histoire!»...

HERGÉ + JACOBS = «OLAV», UN PSEUDONYME AVORTÉ...

Durant les années qui ont suivi la libération de Bruxelles — disons 1945/1946 — Hergé se trouvait en pleine «quarantaine». Il décida de s'associer avec Edgar P. Jacobs pour lancer des séries d'histoires commerciales, sous le pseudonyme commun de «Olav». Ils réalisèrent ensemble trois projets différents de bandes réalistes et dessinèrent la première planche de chacune de ces bandes, afin de les présenter à d'éventuels éditeurs.

Deux de ces planches sont ici reproduites. La troisième, de style «western», figure dans l'album de Paul Cuvelier, Le canyon mystérieux, *édité en 1979 par Magic Strip, à Bruxelles.*

Sadoul — Vous avez commencé dans *Tintin* avec *Les sept boules de cristal,* je crois?

Hergé — Oui. C'est un épisode qui avait débuté dans *Le Soir,* et j'ai dû refaire une autre mise en pages pour le publier dans *Tintin...* Alors est venue la deuxième vague de dessinateurs: Vandersteen, Martin, Le Rallic... Le Rallic, qui était, lui, un vieux de la vieille. Mais savez-vous que la technique du dialogue intégré au dessin a mis un certain temps à s'implanter dans les habitudes des lecteurs, des éditeurs et des auteurs eux-mêmes? Je me souviens que les *Soviets* a été repris dès 1930 dans *Cœurs vaillants,* dirigé par l'abbé Courtois...

— Dites donc, vous étiez voué aux journaux catholiques! Enchaînement fatal, cercle vicieux!...

— C'était inévitable, vous pensez bien!... Eh bien, les premières semaines, ils ont publié mes dessins en ajoutant des textes explicatifs sous les images! Ils étaient convaincus que le public ne pouvait pas comprendre ces pages de dessins sans le moindre texte d'explication! Je suis intervenu vigoureusement pour qu'ils cessent. Il a donc fallu vaincre certaines réticences, et chez le lecteur, et même chez des professionnels comme Laudy ou Le Rallic... Pour ma part, j'avais déjà vu des bandes américaines avec le procédé du phylactère. Et l'idée m'est venue de travailler de cette façon. D'ailleurs, en France, quelques années avant moi, il y avait eu Saint-Ogan... J'en reviens à *Tintin* et à cette deuxième vague de dessinateurs qui comprenait en outre Graton, Tibet, un Tibet qui était venu me trouver et me montrer ses dessins alors qu'il avait à peine douze ans! Moi-même, en 1931, j'avais été montrer les miens à Alain Saint-Ogan, qui s'était montré très gentil et très encourageant. Il m'avait même dédicacé une de ses planches de «Zig et Puce», que je conserve toujours précieusement!...

— Avez-vous appris à dessiner?

— Je n'ai pas suivi de véritables cours de dessin. A l'école, je n'avais généralement pas la moitié des points dans cette branche!... Je suis allé un soir — un seul soir! — à l'école Saint-Luc, mais comme on m'y avait fait dessiner un chapiteau de colonne en plâtre, et que ça m'avait ennuyé à mourir, je n'y suis plus retourné. J'ai peut-être eu tort, je ne sais pas... Le plâtre, ça ne m'intéressait pas: je voulais dessiner des bonshommes, moi, dessiner des choses vivantes! Or, à l'époque et dans ce milieu catholique, il était exclu que je fisse du modèle vivant: le nu, c'était Satan, Belzébuth et compagnie!...

— Quand le journal *Tintin* a été lancé en France, en 1948, vous collaboriez à *Cœurs vaillants*. N'y a-t-il pas eu de problèmes?

— Je n'avais aucun contrat avec *Cœurs vaillants,* mais mes histoires y paraissaient régulièrement. Ce que j'ignorais, c'est que, pendant la guerre, *Cœurs vaillants,* qui s'était replié en zone non occupée (la zone «nono», comme on disait alors), y avait reparu sous le titre *Tintin et Milou*. Aussi, lorsque j'ai annoncé aux abbés qui dirigeaient *Cœurs vaillants* que l'hebdomadaire *Tintin* allait avoir une édition française, ça a été toute une histoire: ils prétendaient que ce titre leur appartenait tout simplement! J'ai appris par la même occasion qu'ils avaient publié sans même m'en aviser des albums «Tintin» et des films fixes, alors que j'avais signé un contrat pour ceux-ci avec une société parisienne...[1] Alors, je me suis quand même un peu fâché. Les dirigeants de *Cœurs vaillants* ont répliqué en prononçant contre moi une sorte d'excommunication. Et lorsque l'hebdomadaire *Tintin* fut lancé en France, un de ces abbés m'a tenu le propos suivant: «En France, pour réussir, il faut être appuyé par un mouvement politique ou religieux. Votre *Tintin* n'aura aucun succès»... Qui donc a dit qu'il est toujours dangereux de faire des prophéties,surtout lorsqu'elles concernent l'avenir?

— Et comment se sont formés les Studios Hergé?

— Pendant la guerre, mes albums, qui avaient été publiés jusque là en noir et blanc et qui avaient un nombre de pages variable mais toujours très élevé, ont été victimes de la pénurie de papier. Casterman m'a proposé de les réduire à soixante-deux pages, mais en revanche, de les publier en couleurs. J'ai donc commencé ce travail de redécoupage et de coloriage avec, d'abord, une seule collaboratrice. Puis c'est Edgar P. Jacobs qui a suivi, en 1943, je crois; puis une autre collaboratrice, et ainsi de suite. La chose s'est donc faite petit à petit, et je n'ai pas créé un studio de toutes pièces[2]. Bob De Moor est arrivé, lui, il y a vingt-deux ans: c'est un des piliers de mon équipe. Puis d'autres, dont certains, entre-temps, sont partis ou ont préféré voler de leurs propres ailes: Guy Dessicy, qui est directeur de l'agence de publicité Publiart, Marcel Dehaye, qui a été longtemps rédacteur en chef de *Tintin* et qui a maintenant pris sa retraite, Van Noeyen, qui a fait les maquettes de la fusée lunaire, les dessinateurs Ghion («Géri»), Loeckx («Jo-ël Azara»), Roger Leloup (passé chez *Spirou*)... Mais il y a toujours auprès de moi des coloristes, des décorateurs, des maquettistes, des gens qui se spécialisent. Il y a, bien entendu,

---

1. Depuis 1946, la société parisienne «Les Beaux Films» édite des séries de diapositives qui sont projetées dans les patronages, les groupes éducatifs, culturels, de vacances, etc.
2. La société anonyme «Studios Hergé» a été constituée en 1950.

DEUX

Baudouin van den Branden, mon secrétaire, Josette Baujot, France Ferrari, ma cousine Nicole Van Damme, Michel Demarets, Jacques Martin[1]... Mon père a été ici parmi nous pendant toute la fin de sa vie: à quatre-vingt-cinq ans, il était le plus jeune de tous!...

— Maintenant, si vous le permettez, je vais vous lire un court texte: «Au fond, vous savez, mon seul rival international, c'est Tintin! Nous sommes les petits qui ne se laissent pas avoir par les grands. On ne s'en aperçoit pas, à cause de ma taille (...) Oui, oui, je vous l'ai dit: [le romanesque] a été pour moi si longtemps qu'il m'a pris pour Tintin. Il adore Tintin[2].»...

— Ah! c'est la phrase de de Gaulle! C'est amusant, non?... Ça a fait pas mal de bruit. J'ai trouvé cela énorme! Je l'ai entendue tout à fait par hasard en écoutant la radio, et je n'en revenais pas!

— Connaissiez-vous de Gaulle personnellement?

— Absolument pas. Je sais que Malraux lisait «Tintin» et connaissait bien mon travail. Le buste de Tintin qui figure à l'entrée des Studios a été fait par l'Anversois Nat Neujean, qui a également fait le portrait de Malraux. Par l'intermédiaire de ce sculpteur, j'ai offert des albums à celui-ci.

— C'est étonnant qu'on ne vous ait pas encore accusé de je ne sais quelle complicité avec le gaullisme!

— En tout cas, pas à ma connaissance!... Mais vous savez, la presse a maintenant tendance à me laisser tranquille, du moins en Belgique. Il n'y a plus qu'une certaine presse d'extrême-gauche qui semble encore avoir une dent contre moi...

— Est-ce les *Soviets* qu'ils n'ont pas digéré? Les Américains ont bien digéré l'*Amérique,* non? Et les Congolais redemandent même *Tintin au Congo!* Enfin, parlons d'autre chose... Parlons de *Popol et Virginie* [3].

---

1. Jacques Martin devait quitter les Studios un an après ces entretiens, en décembre 1972. Baudouin van den Branden est également parti, remplacé par Alain Baran. Et Josette Baujot est allée prendre sa retraite dans le Midi de la France.
2. Charles de Gaulle, cité par André Malraux, dans *Les chênes qu'on abat,* pp. 52 et 176 (éd. Gallimard, 1971).1.
3. *Popol* est le troisième stade (1934) d'une série à transformations commencée en 1931 avec une bande publicitaire, *Tim l'écureuil* et poursuivie en 1933 avec *Tom et Millie.*

— Cette histoire a paru en 1934 dans *Le Petit Vingtième*. C'était en noir et blanc et je l'ai coloriée beaucoup plus tard, pour la publication dans *Tintin*. Il s'agissait là d'une expérience: j'ai essayé de mettre en scène des animaux, et j'ai vu rapidement que ça ne me menait nulle part. J'en suis donc revenu à des personnages humains. C'est pour des raisons analogues, je crois, que le «Chick Bill» de Tibet a évolué de l'animal à l'humain... Macherot, lui, au contraire, est resté fidèle à ses merveilleux petits animaux. Mais, Macherot, c'est Macherot!...

— Et «Quick et Flupke»?...

— J'ai abandonné ces garnements-là parce qu'ils me donnaient beaucoup de soucis alors que Tintin me mobilisait de plus en plus. Dans *Le Petit Vingtième,* il s'est fréquemment trouvé un gag de «Quick et Flupke» par semaine, en plus des deux planches de Tintin et en plus (durant des années) de «Jo et Zette» pour *Cœurs vaillants!* Alors, adieu Quick et Flupke!... Quick était le surnom d'un de mes amis. Pour Flupke, j'ai pris «Flup» — Philippe — et le «ke» flamand qui signifie «petit». Flupke, c'est «petit Philippe».

— Est-ce que cela n'a point paru dans *Cœurs vaillants?*

— Non[1]. C'était une série typiquement bruxelloise, vraiment trop régionale pour être publiée en France. C'est en revanche pour *Cœurs vaillants* que j'ai créé les autres petits héros dont je viens de vous parler: Jo, Zette et Jocko. A la direction de ce journal, on m'avait tenu à peu près ce langage: «Vous savez, votre Tintin, ce n'est pas mal, on l'aime bien. Mais voilà: il ne gagne pas sa vie, il ne va pas à l'école, il n'a pas de parents, il ne mange pas, il ne dort pas... Ce n'est pas très logique. Ne pourriez-vous pas créer un petit personnage dont le papa travaille, qui a une maman, une petite sœur, un petit animal familier?»... J'avais à ce moment-là des jouets chez moi pour un travail de publicité, et parmi eux un singe appelé Jocko. Et j'ai donc fondé, à partir de ce Jocko, une petite famille nouvelle, vraiment pour répondre au souhait de ces messieurs de *Cœurs vaillants,* en me disant d'ailleurs qu'ils avaient peut-être raison...

— Était-ce aussi en noir et blanc?

---

1. Inexact: *Cœurs vaillants* en a publié seize épisodes en 1934, sous le nom de «Quick et Jo».

Planche d'un épisode inédit de «Quick et Flupke».

Monsieur Bellum (décembre 1939).

Monsieur Bellum (suite et fin).

— C'était en deux couleurs: rouge et noir... Mais cela n'a pas été une sinécure! Il a d'abord fallu donner un métier au papa, un métier qui l'amène à voyager: bon, ingénieur, ça pouvait aller. Mais en plus de cela, ce papa et cette maman passaient le plus clair de leur temps à sangloter et à s'interroger sur le sort de leurs pauvres enfants qui disparaissaient dans toutes les directions. Il fallait alors faire voyager toute la famille: c'était harassant! J'ai déclaré forfait... Tintin, lui, au moins, est libre! Heureux Tintin!... Ça me rappelle le mot de Jules Renard: «Tout le monde ne peut pas être orphelin!»

— Vous en avez quand même dessiné cinq épisodes.

— En réalité, les quatre premiers sont deux grands épisodes subdivisés pour la parution en albums.

— Le dernier, à mon avis, était le meilleur. Un excellent épisode.

— Vous parlez de *La Vallée des cobras?*

— C'était très tintinesque, ne trouvez-vous pas? Les personnages de cette histoire auraient très bien pu figurer au monde de Tintin.

— Tout à fait d'accord. D'ailleurs, j'aimerais pouvoir un jour réutiliser ce maharadjah, qui me plaît énormément: cette espèce d'enfant gâté prolongé, une sorte d'Abdallah adulte...

— Lui et son vizir, là, qui reçoit sans cesse la bastonnade: ils sont parfaits tous les deux!... Vous disiez que «Quick et Flupke» était trop régional, et il semble que ça n'ait pas bien marché en France. Je crois que ce très grand artiste qu'est Willy Vandersteen n'a pas non plus accroché le public français, et c'est dommage.

— C'est vrai, les personnages de Vandersteen sont typiquement Flamands, eux, bien plus encore que mes «ketjes» — les «titis» —, qui sont Bruxellois. Vandersteen, c'est typiquement l'esprit anversois et, malgré tout son talent, ça ne passe pas facilement les frontières de la latinité! La littérature flamande reste d'ailleurs en général excessivement régionale.

— C'est déplorable car elle est d'une fabuleuse richesse.

— Eh oui! Même de grands écrivains comme Félix Timmermans ou Stijn Streuvels passent difficilement les frontières... Il n'y a que certains de nos peintres qui ont pu le faire.

— Justement, ce qui m'a toujours fasciné, chez Vandersteen, et déjà lorsque j'étais petit, c'est son atmosphère au plus haut point bruegelienne.

— Exactement: Vandersteen, c'est Bruegel, tout à fait!...

— J'ai d'ailleurs eu l'occasion de découvrir — avec émotion — ce château de Beersel qui m'a naguère tant fait rêver dans l'œuvre de Vandersteen. J'ai même pu dîner, avec Jacques Martin, dans ce restaurant tout proche du château où vous teniez jadis les assemblées rédactionnelles de *Tintin*...

— Vous voulez parler de l'auberge du Chevalier? C'étaient des assemblées très pantagruéliques, infiniment bruegeliennes, elles aussi!... On y boit encore de la «kriek-lambik», une bière de cerises toute rouge, d'un goût très agréable. Vous avez déjà bu de la gueuze, oui? Je trouve que, de temps en temps, c'est très bon... Enfin, je ne puis plus en boire maintenant... Il y a, à Bruxelles, un endroit où l'on peut consommer tout un tas d'excellentes bières: c'est «La fleur en papier doré», dont la «double trappiste» vaut le déplacement... Là aussi, nous avons tenu des assemblées restreintes qui se résumaient invariablement à de joyeuses réunions où chacun racontait sa petite histoire drôle, chose dont j'ai positivement horreur!...

— Vous ne buvez donc plus? J'ai pourtant remarqué, chez les dessinateurs, une assez forte tendance aux plaisirs de l'alcool...

— Je n'ai jamais beaucoup bu. Et maintenant, je ne bois plus du tout. Mon foie, cet ami «qui ne me veut pas du bien», est devenu un peu trop gras et m'a causé quelques ennuis. J'ai donc cessé complètement de boire. Tout comme j'ai complètement cessé de fumer, du jour au lendemain, il y a aujourd'hui huit ou neuf ans de cela!... En principe, ça ne me manque pas. Sauf à certains moments «privilégiés»: après un bon déjeuner, par exemple...

— J'en reviens à «Quick et Flupke». En lisant *Le Petit Vingtième* et les albums en noir et blanc de la série, j'ai découvert certaines planches supprimées dans les éditions ultérieures et qui mettaient en cause — de façon très acide — Mussolini, Hitler, etc. Pourquoi avez-vous censuré ces planches? N'y avait-il pas là un bon argument contre ceux qui vous accusent de sympathies pour le fascisme?

— Peut-être, oui. Mais je n'ai pas songé à cet aspect de la question. Si je n'ai pas fait reparaître ces planches dans les éditions ultérieures, après la guerre donc, c'est qu'il me semblait que seule l'actualité de ces planches en constituait le mérite. Et le temps avait passé. Depuis, surtout, il y avait eu la guerre. Et les rencontres entre Quick-Mussolini et Flupke-Hitler, qui m'avaient paru drôles, avaient, hélas! tourné au tragique, dans la réalité. On peut trouver encore d'autres arguments similaires dans «Tintin»: le mauvais du *Sceptre d'Ottokar* ne s'appelle-t-il pas Müsstler, combinaison évidente de Mussolini-Hitler? C'était une allusion claire, me semble-t-il. Tellement claire qu'un Allemand appartenant au Sicherheitsdienst — le service de sécurité en pays occupés — est venu au *Soir* me dire: «L'avion, là, dans *Le sceptre d'Ottokar,* c'est un Heinkel, n'est-ce pas? Il ne faudrait pas recommencer trop souvent ce genre de plaisanterie!» C'était tout, mais il m'avait mis sérieusement en garde...

— On dit que la Bordurie est une peinture des régimes totalitaires de l'Est. Mais je suis plutôt tenté d'y voir le tableau de l'hitlérisme et des dictatures fascistes.

— Écoutez, pour moi, tous les totalitarismes sont néfastes, qu'ils soient «de gauche» ou «de droite», et je les mets tous dans le même sac!... Encore le Gémeaux qui parle, direz-vous!... La Bordurie peut faire songer au stalinisme à cause des moustaches. Mais il y a, dans cet épisode, des insignes très nettement SS. A l'époque, c'est bien entendu l'Allemagne qui était visée: *Le sceptre d'Ottokar* n'est autre que le récit d'un Anschluss raté. Mais on peut y reconnaître n'importe quel autre régime totalitaire. Le colonel Sponsz paraît toutefois lui aussi manifestement Allemand, avec son petit côté Erich von Stroheim. C'est d'ailleurs une caricature de mon propre frère.

— Ah! oui, votre frère le militaire...

— Mon frère était major[1], et il est également un peu Tintin dans son genre. On le surnommait d'ailleurs le «major Tintin».

— Il paraît que vous vous êtes servi de lui pour camper votre héros.

— Inconsciemment, j'ai en effet repris ses attitudes, ses gestes, dans les premiers épisodes. Tintin, dans les *Soviets,* c'est tout à fait lui, mais je ne m'en rendais pas compte... Il était donc militaire, et sa carrière a souffert de ce qu'il a souvent fait le Tintin, c'est-à-dire qu'il a rué dans les brancards, s'est frotté à plus fort que lui, n'a pas toujours respecté la règle du conformisme en vigueur à l'armée, où l'humour n'est généralement pas ce qui domine!...

— En réalité, chez vous, tous les régimes en ont pris pour leur grade. Et les *Picaros,* à ce qu'il semble, ne contredira pas la règle.

— C'est cela. Chacun peut trouver chez moi ce qu'il veut. Et il est en effet facile de découvrir dans mes histoires des armes contre moi: on trouve toujours un bâton pour battre son chien!... Je mérite probablement des bastonnades. Bon, qu'on me les donne, ça ne me dérange pas...

— N'aimeriez-vous pas, à présent, visiter l'U.R.S.S.?

— Oh! oui... Et la Chine aussi, la Chine surtout, qui continue à me fasciner. Je pourrais maintenant déjà me rendre en Chine nationaliste, où je suis officiellement invité depuis... *Le Lotus bleu!* En 1939, Madame Tchang Kaï-chek m'avait demandé de venir à Tchoung-King, où le gouvernement nationaliste s'était replié. Mais je n'ai pas pu abandonner mon travail... J'irai peut-être un jour prochain[2]. Mon ami Tchang avait d'ailleurs commencé à m'enseigner quelques rudiments de chinois: ils me serviront sûrement un jour!... J'irai peut-être aussi au Japon, où — vous le savez — j'ai des amis. Mais le Japon me tente cependant moins: les Chinois me paraissent plus drôles, plus gais, plus ouverts...

---

1. Commandant de bataillon.
2. Hergé s'est finalement rendu à Formose en mai 1973, soit trente-cinq ans seulement après son invitation...

— Pour la langue, pas de problème: vous connaissez au moins les fameux jurons de bandes dessinées, qui sont presque toujours en chinois de fantaisie!... Et la Syldavie, quand irez-vous la visiter?

— La Syldavie?... Le tourisme n'y est pas encore assez développé!

— Cela me fait penser aux langues étrangères, dans vos histoires. Quand vous faites parler vos Arabes ou vos Chinois, parlent-ils réellement arabe ou chinois?

— En général, oui. Tout ce qui est en caractères chinois dans *Le Lotus bleu* a été écrit par Tchang ou d'après des modèles de la main de Tchang. Entre nous, beaucoup de textes, ceux des affiches, par exemple, sont violemment antijaponais...Pour l'arabe, j'ai commis des erreurs, au début, mais elles ont été rectifiées depuis. Sur la couverture de *L'or noir,* par exemple, les caractères du titre initial ne signifiaient rien, simplement, j'avais trouvé ces signes très décoratifs. A présent, ces caractères veulent réellement dire: «Au pays de l'or noir». Mais je les trouve beaucoup moins beaux!... Je ne dois jamais chercher longtemps des traducteurs: ce sont le plus souvent des étudiants étrangers de Belgique.

— Et le célèbre marollien?

— Ah! je l'ai fréquemment utilisé, pour le syldave entre autres. Mais pour l'arabe aussi: l'émir Ben Kalish Ezab, c'est l'émir «jus de réglisse». La ville de Wadesdah signifie: «Qu'est-ce que c'est que ça?»[1]... Ma grand-mère maternelle était originaire du quartier des Marolles, à Bruxelles, et ne parlait pratiquement que le marollien. Elle aurait bien reconnu, par exemple, dans le nom du colonel Sponsz, le mot «éponge»...

— Comment vous viennent les «mots» du capitaine Haddock?

— Là, c'est surtout la sonorité qui me guide. Il y a des termes qui ne sont pas des injures mais qui, lancés avec une certaine véhémence, ont l'air d'épouvantables insultes. Plus c'est savant, plus c'est sans réplique: «Oryctérope»!... Mettez-y le ton qu'il faut et votre adversaire ne s'en relève pas!

---

1. *Kalisjesap, Wat is dat...* Orthographes données sous réserves par Bob De Moor: comme l'argot, le marollien est un langage essentiellement parlé.

— C'est une nouvelle, celle-là!

— Oui, c'est une nouvelle!...

— Vous procédez très habilement, parce qu'il serait facile de ne faire du Capitaine qu'une machine à inventer des jurons «kitsch». Or, chez vous, c'est justifié. Et le dosage est suffisamment intelligent pour qu'on y croie. D'autant plus que la répétition de certaines expressions — «Mille sabords», etc. — crée une sorte d'intimité avec le lecteur, une complicité de l'invective qui est excellente... Qu'est-ce qui vous a donné l'idée de ce genre d'insultes?

— Ça remonte à l'époque où venait d'être conclu un accord politique entre grandes puissances et qui s'appelait le «Pacte à quatre[1]». Et j'avais assisté à une querelle entre une marchande des quatre-saisons et une de ses clientes qui avait sans doute discuté d'un prix ou critiqué la qualité de sa marchandise. Toujours est-il que la marchande, probablement à bout d'arguments, lui avait lancé de derrière sa charrette: «Espèce de Pacte-à-quatre que vous êtes!»... Ça m'avait paru d'une efficacité surprenante! Paf! la cliente en était restée comme deux ronds de flan!

LES «MOTS» DU CAPITAINE HADDOCK

Pas moins de deux cent vingt et une tournures jusqu'à *Tintin et l'Alph-Art:*

accapareur, Amphytrion, anacoluthe, analphabète, anthracite, anthropophage, anthropopithèque, Apache, Arlequin, autocrate, autodidacte, Aztèque, Bachi-Bouzouk, Bachi-Bouzouk des Carpates, bande d'emplâtres, bande de Canaques, bande de joyeux drilles, bande de Klu Klux Klan, bande de voleurs, bande de Zapothèques, bande de Zapothèques de tonnerre de Brest, bandit, boit-sans-soif,

---

1. Signé le 15 juillet 1933, le «Pacte à quatre» groupait la France, l'Angleterre, l'Italie et l'Allemagne.

bougre d'amiral de bateau-lavoir, bougre d'extrait
d'hydrocarbure, bougre d'extrait de cornichon, bougre
d'extrait de crétin des Alpes, bougre d'ostrogoth, bougre de
crème d'emplâtre à la graisse de hérisson, bougre de faux
jeton à la sauce tartare, bougre de marchand de guano,
bougre de phénomène de tonnerre de Brest, bougre de
sauvage d'aérolithe de tonnerre de Brest, bougre de zouave,
bougre de zouave à la noix de coco, bougre de zouave
d'anthropopithèque, brute, canaille, Canaque, cannibale,
catachrèse, cataplasme, cercopithèque, chauffards, chenapan,
cloporte, coléoptère, coloquinte, commerce noir, concentré
de moule à gaufres, cornemuse, cornichon, cornichon de
zouave de tonnerre de Brest, corsaire, crème d'emplâtre à la
graisse de hérisson, crétin de l'Himalaya, crétin des Alpes,
cyanure, cyclone, cyclotron, diplodocus, doryphore,
écornifleur, écraseur, ectoplasme, eh! patate, emplâtre,
épouvantail, esclavagiste, espèce d'analphabète diplômé,
espèce d'anthropopithèque, espèce d'apprenti dictateur à la
noix de coco, espèce d'athlète complet, espèce d'ectoplasme,
espèce d'emplâtre, espèce d'équilibriste, espèce d'ours mal
léché, espèce de babouin, espèce de bibendum, espèce de
brontosaure, espèce de bulldozer à réaction, espèce de
cannibale, espèce de catachrèse, espèce de chauffard, espèce
de coloquinte à la graisse d'anthracite, espèce de cow-boy de
la route, espèce de Cro-Magnon, espèce de Cyrano à quatre
pattes, espèce de diplodocus, espèce de grand escogriffe,
espèce de Kroumir, espèce de logarithme, espèce de loup-
garou à la graisse de renoncule, espèce de marchand de
guano, espèce de mérinos, espèce de mérinos mal peigné,
espèce de mitrailleur à bavette, espèce de Patagon de
Zoulou, espèce de petite tigresse, espèce de porc-épic mal
embouché, espèce de projectile guidé, espèce de satané
bazar, espèce de simili martien à la graisse de cabestan,
espèce de Vercingétorix de carnaval, espèce de vieille
perruche bavarde, Fatma de prisunic, flibustier, flibustier de
carnaval, forban, fourbi de truc, Frère de la côte, froussard,
garde-côtes à la mie de pain, gargarisme, garnement, grand
escogriffe, gredin, grenouille, gros-plein-de-soupe, grotesque
polichinelle, gyroscope, hérétique, histoires à la graisse de
trombonne à coulisse, hors-la-loi, hydrocarbure, iconoclaste,
invertébré, jocrisse, Judas, jus de réglisse,

DEUX

KRRTCHMVRTZ, lâche, macaque, macrocéphale, malappris, mamelouk, marchand de tapis, marin d'eau douce, mégacycle, mégalomane, mercanti, mercenaire, mille sabords *(et ses multiples dérivés),* misérable ver de terre, moricaud, moujik, moule à gaufres, moussaillon de malheur, moussaillon du diable, MRKRPXZKRMTFRZ, Mussolini de carnaval, naufrageur, négrier, noix de coco, nyctalope, olibrius, ophicléide, ornithorynque, oryctérope, ostrogoth, pacte-à-quatre, paltoquet, pantoufle, Papou, Papou des Carpates, paranoïaque, parasite, Patagon, patapouf, perroquet bavard, phlébotomes, phylactères, phylloxera, pignouf, pirate, pirate d'eau douce, polygraphe, profiteur, protozoaire, pyromane, pyrophore, rapace, Ravachol, renégat, rhizopode, Rocambole, sacré mitrailleur à bavette, sacripant, sajou, saltimbanque, sapajou, satrape, sauvage, schizophrène, scolopendre, sinapisme, sombre oryctérope, soûlographe, tchouk-tchouk-nougat, technocrate, tête de mule, tonnerre de Brest, topinambour, tortionnaire, traîne-potence, traître, troglodyte, trompe-la-mort, va-nu-pieds, vampire, vandale, végétarien, vermicelle, vermine, vieux cachalot, vipère, vivisectionniste, voleur d'enfants, zigomar, zouave, Zoulou.

Sadoul — J'aime beaucoup ce passage de *Coke en stock* où le Capitaine injurie l'Arabe esclavagiste à l'aide d'un porte-voix[2].

Hergé — Dans les *Picaros,* il y aura une scène un peu semblable: Haddock en veut au général Tapioca et décide de lui téléphoner à Tapiocapolis — San Theodoros — pour l'engueuler. Comme c'est impossible, il lui télégraphie et engueule le type qui s'occupe des télégrammes! Des injures par télégramme! Vous voyez le genre de gag...

— Haddock est un personnage extraordinaire. Son attitude envers les romanichels des *Bijoux de la Castafiore* est exemplaire. Et courageuse.

— J'aurais voulu faire quelque chose de plus typique sur les

2. *Coke en stock,* p. 49.

115

romanichels, mais j'ai été emporté par mon sujet. Je le regrette parce que ce sont des gens très fascinants.

— Qui peut oser dire, après cela, que vous êtes un méchant raciste?... La bande dessinée, je trouve, peut être un merveilleux témoignage, une école de fraternité et de générosité. Je m'indigne que l'on n'ait pas encore songé à donner le prix Nobel de la paix à un auteur de bandes dessinées!...

 **ATTENTION!**

 **DZINNG**

Espèce de coupe-jarret!... Tu as de la chance que je ne te fasse pas avaler ta barbe!... Mais file, vipère! Et que je ne te retrouve plus jamais sur mon chemin!

Au large, flibustier!... Hors de ma vue, gibier de potence!...

Sapajou!... Marchand de tapis!... Paranoïaque!... Moule à gaufres!... Cannibale!...

Ornithorynque!... Boit-sans-soif!... Bachi-bouzouk!... Anthropophage!... Cercopithèque!... Schizophrène!... Heu!... Jocrisse!...

Inutile, capitaine. Il est trop loin, maintenant.

Ah! vous croyez ça, vous!... Eh bien! il n'a pas fini de m'entendre!

Où allez-vous? Sur la passerelle.

PIRATE! ECTOPLASME COLOQUINTE RAPACE!

TROMPE-LA-MORT! OSTROGOTH! VANDALE!

Cette fois, je crois qu'il est réellement hors de portée...

Oui!... C'est bien dommage!... Négrier, va!...

Mais, à propos, vous... Comment le mot "coke" vous a-t-il mis la puce à l'oreille?

Vous allez voir.

Voici un bout de papier que j'ai trouvé sur la table, pendant que vous traciez votre route sur la carte. Lisez.

Par la barbe du Prophète! ce chien me le payera cher!...

di Gorgonzola à Commandant Ramona
Ordre livrer Coke à...
Kader à Dred...

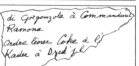

JE NE COMPRENDS PLUS !
MALGRE MON DEGUISEMENT
COMPLET DE TIGRE, ILS
N'ONT PAS L'AIR DE
S'EMOUVOIR !

HERGE

TROIS

Sadoul — En relisant *les Soviets,* j'ai remarqué certaines planches qui m'ont fait songer aux dessins de Benjamin Rabier, en particulier les pages où vous représentez des animaux[1].

Hergé — C'est vrai. Dans ma jeunesse, j'ai beaucoup admiré Benjamin Rabier. Et j'avais un tel souvenir de ses dessins que j'ai dû y penser, en effet, en dessinant mes animaux. Ça se remarque, indéniablement! Mais c'est la seule fois, je crois, où je lui ai fait des emprunts.

A PROPOS DU «TINTIN» DE BENJAMIN RABIER

Eh! oui, Benjamin Rabier eut aussi son «Tintin», aux environs de 1900...
Il s'agissait d'un petit personnage appelé Tintin-Lutin, dont les facéties ont paru en deux volumes luxueusement édités par Félix Juven, à Paris. Plus précisément, ces livres contiennent deux longs récits en vers de Fred Isly, avec illustrations en noir et blanc et en couleurs de Benjamin Rabier.
Ce Tintin-Lutin est d'ailleurs le contraire absolu du Tintin de Hergé, même s'il est blond et doté d'une houppe, tout comme notre héros: le personnage de Fred Isly et Benjamin Rabier est un gamin espiègle et farceur, mais hautement exemplaire puisqu'il est en définitive toujours puni...

---

1. Pages 128 à 130.

Un précurseur de Tintin ?

Son papa le punissait tous les jours,

Il ne pensait qu'a jouer de bons tours.
Son papa le punissait tous les jours,
Mais cela ne servait jamais à rien,
Tintin recommençait le lendemain.

Maintenant que vous connaissez Martin,
Soyez bien gentil, donnez-moi la main
Et je vais vous conduire à la campagne
Où chaque année, en un coin de Champagne,
Tous les Simon vont passer les beaux jours
Chez un fermier, le père Kilabour.

(On peut voir ici un extrait de ces aventures de Tintin-Lutin, dont Hergé ne pense pas s'être inspiré.)

Sadoul — Quelles sont vos influences reconnues?

Hergé — Eh bien, Benjamin Rabier, donc, pour ces quelques pages des *Soviets*. J'ai eu aussi, mais plus tard, une vive admiration pour un dessinateur de mode français, René Vincent, qui avait un style «Art déco» très élégant. On retrouve son influence au début des *Soviets,* quand mes dessins partent d'une ligne décorative, une ligne en S, par exemple (et le personnage n'a qu'à se débrouiller pour s'articuler autour de ce S!)... J'ai compris assez vite qu'il valait mieux se laisser aller, que les articulations devaient venir d'elles-mêmes. Autre influence: Geo Mac Manus, auteur de «Bringing Up Father» («La famille Illico»), dont j'admirais surtout... les nez. Ah! les nez de Geo Mac Manus!... Je trouvais ces petits nez ronds ou ovales tellement gais que je les utilisais, sans aucun scrupule!

— Oui, cela aussi est sensible dans les *Soviets.*

— Une autre influence, mais à partir du *Lotus bleu:* le dessin chinois. Mon ami Tchang, à cette époque, m'avait fait cadeau de petits recueils de modèles qu'on employait dans les écoles, là-bas, pour enseigner à la fois la lecture et le dessin. J'ai donc pu étudier ainsi les meilleurs peintres et dessinateurs chinois. Et cela m'a été extrêmement utile, notamment dans l'indication du volume, pour donner l'impression que le personnage représenté a bien trois dimensions.

— Incontestablement, *Le Lotus bleu* est aussi un tournant dans votre technique de dessin: c'est le premier épisode dont on peut parler sur le plan esthétique.

— Peut-être. En tout cas, mon dessin a commencé à s'améliorer à partir de ce moment. Mais encore maintenant je crois que j'évolue toujours. Je pense qu'un créateur, quel qu'il soit, peut et doit s'améliorer sans cesse. C'est le grand artiste japonais Hokusai, celui qu'on avait surnommé «le vieillard fou de dessin», qui, à quatre-vingt-dix ans, sur son lit de mort, disait: «Ah! si j'avais pu rester en vie encore un an ou deux, je crois bien que je serais parvenu à donner de la vie à un simple point!»

— En fin de compte, Alain Saint-Ogan a eu peu d'influence sur vous?

— Oh! si, Saint-Ogan a eu beaucoup d'influence sur moi, au contraire, car je l'admirais, et je l'admire encore: ses dessins étaient clairs, précis, «lisibles»; et l'histoire était narrée de façon parfaite. C'est dans ces domaines-là qu'il m'a profondément influencé.

— A part Mac Manus, les Américains vous ont-ils influencé?

— Je crois que oui. Mais c'est moins tel ou tel dessinateur que la bande dessinée américaine des années 30 dans son ensemble. Et une des qualités essentielles de la bande dessinée américaine, comme d'ailleurs du cinéma américain, me paraît être sa grande clarté. En général, les Américains savent raconter une histoire, même si cette histoire est une cornichonnerie. C'est là, je crois, la grande leçon que j'ai tirée, à la fois de la bande dessinée et du cinéma américain.

— Dans les «Katzenjammer Kids», il y a un gros marin barbu et un petit savant farfelu qui pourraient être cousins de Haddock et Tournesol.

— J'ai déjà songé à ce détail. Mais c'est une simple rencontre, je crois.

— Aimez-vous les animaux?

— Oui, beaucoup. Et justement, j'ai du remords d'en avoir fait tuer ou souffrir un trop grand nombre dans *Tintin au Congo*[1]... Comment ai-je pu me montrer d'une cruauté aussi effroyable? Je n'ai pas fini de le regretter, comme autant de mauvaises actions que j'aurais réellement commises!...

— Etes-vous non-violent?

---

1. Pour mémoire,outre diverses mésaventures pour le moins cuisantes survenues à ce pauvre Milou, et dont sa queue fait surtout les frais (pp. 2, 4, 5, 6, 10, 12, 13, 17, 23, 32, et 34), on peut noter: un crocodile (p. 14), un singe (p. 18), un lion (pp. 22-23), un boa (pp. 34-35), deux léopards (pp. 37 et 54), un éléphant (pp. 38 à 41) et un buffle (pp. 57-58) martyrisés; un singe (p. 17), un serpent (p. 31), un éléphant (p. 42), un rhinocéros (p. 56) et encore un buffle (p. 59) tués; 5 crocodiles abattus (p. 33) et 15 antilopes massacrées (pp. 15-16)!!!

— Je suis pour la non-violence, bien sûr! Avec, par-ci, par-là, hélas! quand même, un accès de colère comme le capitaine Haddock! Accès de colère que je regrette aussitôt...

HERGÉ VICTIME DU 1er AVRIL — DEUXIÈME ÉPISODE

Encore un canular des Studios qui eut le mérite de réussir à cent pour cent. En ce temps-là, Hergé faisait des dessins pour de la vaisselle «Tintin» fabriquée par une usine de faïencerie du nord de la France.

Le 1er avril 1957, était déposé sur le bureau d'Hergé, parmi le courrier, le prétendu double d'un prétendu avenant au contrat passé avec cette usine. L'avenant stipulait qu'en plus d'assiettes, tasses, sous-tasses, etc., l'usine était autorisée, avec l'accord d'Hergé, à fabriquer des pots de chambre dont le fond serait décoré par les têtes de Tintin et Milou...

Mieux encore: un phylactère devait sortir de la bouche de Tintin, avec ces mots: «Je te vois, petit coquin!» Bob De Moor se trouvait à ce moment-là avec son patron: il assure qu'il l'a rarement vu aussi furieux!... Hergé faisait les cent pas, au comble de la rage, en répétant: «Quels cons! Non, mais quels cons! On n'a pas idée de cons pareils!...», faisant naturellement allusion aux responsables des «créations Tintin», coupables d'avoir accepté le dégradant projet...

Le poisson d'avril une fois découvert, Hergé n'en oublia par pour autant sa colère, disant: «D'accord, c'était une blague... Mais ça aurait très bien pu être vrai!»... Et le comble de l'histoire est qu'en effet cela aurait très bien pu être vrai, puisque le canular était parti d'une authentique proposition de ce style...

Sadoul — Et les chasseurs, cette engeance, qu'est-ce que vous en pensez?

Hergé — Le plus grand mal! Mais voilà, je reconnais aussi que j'aime le civet de lièvre, ou un râble à la royale... Là est le problème! Rien ne dit d'ailleurs que je n'apprécierais pas aussi un bon gigot de chair humaine: un petit enfant, ça doit être très fin, très tendre!... Je connaissais une dame, notairesse à l'âme sensible qui avait un grand talent d'aquarelliste. Elle peignait surtout des petits oiseaux, avec une remarquable délicatesse de touche. Elle partait en Afrique avec son mari et commençait par tuer tous les jolis oiseaux qu'elle pouvait rencontrer. Ensuite, elle les suspendait gentiment, par une patte, et se mettait à peindre, représentant ce petit cadavre avec une exquise sensibilité...

— Vous arrive-t-il d'avoir des accès de sensiblerie?

— Bien entendu! Et je peux avoir des colères sauvages quand je vois que des gens abandonnent leurs animaux pour partir en vacances: c'est la plus grande lâcheté que je connaisse! Et l'histoire des bébés phoques... C'est horrible!... Je remarque que les pays du Nord sont en général plus près des animaux que les pays latins. En Espagne, en Italie, on est souvent plus cruel avec eux, cruel ou indifférent.

— Et vous arrive-t-il de pleurer?

— Rarement. Mais ça m'est arrivé et ça m'arrivera sans doute encore. Il ne faut pas en avoir honte, je crois. En tout cas, je suis capable d'être excessivement ému.

— Pour qui travaillez-vous d'abord?

— Pour moi, et presque exclusivement pour moi. Comme un affreux égoïste. Je dessine pour l'enfant que j'ai été et que je suis encore. Mes idées passent d'abord par ce filtre-là. Si une chose m'amuse, je la garde; si elle ne m'amuse pas, hop! au panier... De temps en temps, je fais un essai auprès de De Moor ou de Martin, qui ont des réactions parfois très différentes des miennes. Souvent aussi, l'un d'eux me propose une idée. Si cette idée me plaît, tout de suite je la fais mienne, je l'assimile complètement et j'oublie aussitôt — et pour toujours! — qu'elle vient d'un autre. Dans ce domaine-là, je suis de la plus noire ingratitude!... Le drame quelquefois, ce sont ces gens qui viennent vous trouver avec des idées «drôles». Ça, c'est terrible!... Alors, je souris, je dis: «Oui, ce n'est pas mal... Peut-être... Je verrai...»

— Je sais que pas mal de gens viennent vous trouver pour vous soumettre des idées de façon péremptoire: «Vous devez faire ceci ou cela... il faut que vous fassiez ceci ou cela...»

— C'est amusant, n'est-ce pas?... L'autre jour, j'ai rencontré une Yougoslave: «A quand Tintin en Yougoslavie? Il faut venir chez nous! Vous *devez* faire un «Tintin» sur la Yougoslavie! Si, si, il le faut!»[1]... C'est l'histoire classique que raconte Siné. Lorsqu'il a eu fini sa fameuse série sur les chats, on lui a dit: «Il faut faire les chiens, maintenant... Vous savez: chien... dent! etc.»

— Ça peut aller loin, ce procédé: quand on en arrive aux éléphants, aux rhinocéros ou aux épiornis, ça se corse!

— Et aux ornithorynques, ça devient grave!

— Est-ce que vous êtes un «homme d'argent»?

— Pas du tout! Si j'aime l'argent, c'est pour m'en servir, évidemment, comme tout le monde, mais certainement pas l'argent pour l'argent... Je ne suis d'ailleurs pas un homme d'affaires. Il se trouve que Tintin a eu du succès, un grand succès, oui...

— Et vous n'avez pas honte d'avoir de l'argent?

— Aucun de nous deux n'en a la moindre honte.

— Aucun de vous deux?...

— Eh bien, oui, mon percepteur des contributions et moi-même. Mon percepteur, qui m'abandonne généreusement une partie de ce que je gagne!...

— Et le spectacle de la misère ne vous donne pas mauvaise conscience?

— Je suis affecté, sincèrement affecté par le spectacle de la misère. Mais je n'ai aucune raison d'avoir mauvaise conscience: ce que je possède, je ne l'ai pas volé, croyez-moi.

— Je suis heureux de vous l'entendre dire. Parce que c'est une manie très irritante, chez certaines personnes, de faire des complexes au sujet de leur fortune. Sans doute un moyen détourné

---

1. Le même problème était exactement posé à René Goscinny, qui devait en permanence subir les assauts de certains nationalistes impatients de voir «Astérix» se pointer sur leurs terres!

de se donner sa propre auréole, je présume... Vous êtes un homme lucide, lucide et prévoyant. Est-ce qu'il vous arrive d'avoir peur? Etes-vous d'un naturel angoissé?

— Peur?... Bien sûr, cela m'arrive. En réalité, je suis à la fois optimiste et angoissé. Optimiste, par raison; angoissé, par nature. Mon optimisme essaie de vaincre mon angoisse. Je suis en fait, comme vous le dites, prévoyant. Donc, j'envisage toutes les éventualités, toutes les conséquences des choses, y compris les pires...

— Avez-vous peur de la vieillesse? Vous fait-elle mal?

— J'en ai accepté l'idée, maintenant. J'ai accepté de vieillir... Je n'ai plus peur. Je vieillis, et j'essaie de le faire de mon mieux. J'ai eu des moments de grande angoisse, je l'avoue, devant le vieillissement, devant la lente mais inexorable dégradation du corps, de la pensée... Mais j'ai finalement accepté.

— Et la mort, y pensez-vous? La redoutez-vous?

— La mort, je l'attends. Peut-être aurai-je peur, le moment venu, mais je l'attends. Oh! sans aucune impatience, croyez-le bien! Je ne trépigne pas!... Simplement, je sais qu'elle est inéluctable. Cela ne supprime pas totalement l'angoisse, bien sûr; mais ça aide à la supporter.

— Le bruit court périodiquement de votre décès. Il y a même beaucoup de gens qui vous croient déjà mort, et depuis longtemps!... Pourquoi, d'après vous?

— Pourquoi?... Je n'en ai pas la moindre idée. Peut-être certains lecteurs ont-ils l'impression de me connaître depuis si longtemps qu'il leur paraît impensable que je sois encore en vie!

— Sans doute, oui. Vous êtes un «classique», et les classiques sont rarement de ce monde... Et comment envisagez-vous la mort?

— Dans l'hypothèse la plus favorable, je l'imagine comme un sommeil, comme le fait de s'endormir. On n'a jamais conscience du moment précis où l'on s'endort. Cette façon de mourir est évidemment la plus souhaitable. Seulement, on a rarement l'occasion de choisir... Il y a naturellement des maladies, des accidents, des souffrances épouvantables. J'ignore quelle peut être l'intensité de la douleur à son point culminant...

— La douleur, vous y êtes sensible?

— Oui, je n'aime pas la douleur: je trouve ça inutile!... Quand j'ai la migraine, je préfère prendre un comprimé...

— Comment?... Vous ne serrez pas les dents bravement? N'oubliez pas que le scout «sourit et chante dans les difficultés»!

— Quand je ne peux pas faire autrement, alors j'essaye de serrer les dents ou je chante!... C'est bon d'avoir été formé à la scoute. Il faut chanter de temps en temps: on n'a pas toujours un comprimé sous la main.

— Vous parlez de la mort comme d'un sommeil. Imaginez-vous le réveil, le réveil après la mort?

— Je n'imagine rien du tout et je ne veux rien imaginer. Je trouve que toute prise de position, dans ce domaine, relève d'un pari... Je suis un peu Chinois, sur ce point: il n'y a pas de véritable religion chinoise. Pas de résurrection, pas de métempsycose... Un peu Peau-Rouge, aussi. Le Peau-Rouge tuait un bison pour se nourrir et pour se vêtir, ce bison avait mangé de l'herbe, laquelle herbe avait poussé un peu grâce aux hommes qui étaient morts qu'on avait enterrés et qui étaient à leur tour devenus de l'herbe... La boucle était bouclée: la vie continuait, mais sous une autre forme.

— En général, les pensées orientales n'ont pas éprouvé notre besoin de poser ces interrogations, et encore moins d'y répondre.

— C'est exact. Et il semble que chez nous ce soit un besoin. Notez que j'aimerais avoir une croyance à laquelle me rattacher; ça doit être très rassurant. Je serai peut-être atrocement angoissé au moment de mourir... Mais jusqu'à présent je ne sais rien... On cite des exemples de médiums qui auraient pu résoudre ce genre d'énigmes. Comme ça ne m'est pas encore arrivé personnellement, je reste sceptique.

— Pourtant, si on vous laissait choisir, que préféreriez-vous: le paradis? La réincarnation?...

— Je n'y ai jamais songé, je ne sais pas!

— Allons!... En quoi aimeriez-vous revenir sur terre?

— En chat siamois, par exemple! Mais dans une famille où on aime les chats...

— Il ne semble pas que vous soyez un esprit éminemment religieux?

— Non, je ne crois pas avoir l'esprit religieux. J'ai été élevé religieusement, j'ai fait mes études dans un collège catholique, j'ai même effectué des retraites dans des monastères. Pourtant, aussi loin que je puisse remonter dans le temps, je constate que je n'ai jamais eu la foi. Je croyais cependant l'avoir; j'étais sincèrement persuadé que j'étais un vrai croyant et un excellent catholique. Mais je me trompais.

— Le nombre de gens qui vous prennent pour un «curé»!...

— Dans nos pays, c'est certain, il est difficile de ne pas être imprégné de traditions chrétiennes. Mais je ne suis pas un esprit religieux, et encore moins un «curé»!

— Croyez-vous en Dieu?

— Je ne sais ce que je dois croire. Y a-t-il une sorte de moteur quelque part? Un «esprit» qui nous anime?... Peut-être, je ne sais pas. Et pourtant, l'idée de Dieu est une merveilleuse idée. Mais je ne sais rien.

— Le doute est un «mol oreiller», non?...

— Pas toujours, pas toujours: il est souvent bien inconfortable. Comme tout devient facile lorsqu'on est convaincu de quelque chose! La vie est tellement plus simple, alors!

— C'est exact. Je songe parfois à cette phrase de Nietzsche: «Il peut se permettre le luxe du scepticisme, celui qui possède une foi profonde»... Se remettre en balance, remettre en question ses croyances apprises, c'est déjà la marque d'une réflexion, mais qui s'appuie sur quelque chose. Celui qui doute possède peut-être déjà au fond de lui une réponse à sa question. Il a en tout cas peu de chances de connaître la tranquillité de l'esprit.

— La vie est tellement facile lorsque l'on est sur des rails!... Un exemple: en 1939 j'ai été mobilisé. On m'a envoyé près de Turnhout, dans le nord de la Belgique, et on m'a confié une mission extrêmement importante: réquisitionner des bicyclettes dans les fermes!... Eh bien, c'est tellement facile de réquisitionner des bicyclettes, je veux dire d'obéir à des ordres reçus! C'est tellement facile de ne pas se poser de questions!... L'armée, pour ça, est une chose exemplaire: tout y est simple, magnifiquement évident!... Mobilisé, je n'avais plus de problèmes, plus de responsabilités, plus de doutes, je n'avais qu'à obéir: on pensait pour moi...

— Et cela a duré combien de temps?

— Jusqu'en avril 1940. Je commandais une compagnie, s'il vous plaît!... Officier de réserve dans une compagnie de mitrailleurs d'expression française: on m'a mis instructeur dans une compagnie d'infanterie d'expression flamande; l'utilisation des compétences, comme toujours!... Le 10 avril, on m'a donné trois mois de congé pour raisons de santé. Et le 10 mai, quand les Allemands sont arrivés, les ordres étaient de se replier en France. Le 15, j'étais à Paris, et le 22, je me retrouvais avec ma femme, ma belle-sœur, ma nièce et mon chat siamois à Saint-Germain-Lembron, près d'Issoire, chez le dessinateur Marijac qui lui, à ce moment, était au front.

— Après la capitulation de l'armée belge, votre Roi a, je crois, lancé un appel au travail?

— Oui. La guerre semblait bien finie pour nous. Aussi n'ai-je pas eu de scrupules à collaborer à un journal comme *Le Soir:* je travaillais, un point c'est tout, comme travaillait un mineur, un receveur de tram ou un boulanger! Mais, alors qu'on trouvait normal qu'un machiniste fasse marcher un train, les gens de la presse étaient prétendument des «traîtres»...

— Que pensez-vous de la censure?

— De quelle censure voulez-vous parler?

— De la censure en général.

— J'y suis fondamentalement opposé. Je dis cela, et puis, tout de suite, j'ai envie de dire le contraire. Car j'aimerais que toute expression soit libre, mais il y a tellement d'imbéciles: dans quelle mesure doit-on laisser les imbéciles s'exprimer en toute liberté? Je me demande s'il ne faut pas, quelquefois, leur mettre un frein...

— Attention! Tout ce que vous allez dire pourra être retenu contre vous!

— Je sais, je sais... Tant pis!

— La censure est un signe de faiblesse: n'est-ce pas précisément le propre d'un état fort, développé socialement et intellectuellement, que de ne pas la pratiquer? Les pays nordiques, par exemple, ne la connaissent pas...

— Vous avez probablement raison. C'est sans doute mon arrière fond de «droitisme» qui resurgit!... Je pense quand même qu'on devrait censurer la bêtise, la médiocrité... Mais quels seraient les critères de jugement?

— Des critères forcément subjectifs, et plus ou moins arbitraires: on est toujours l'imbécile de quelqu'un d'autre... Cela dit, est-ce que vous, vous avez eu à subir les assauts de la censure?

— Pas souvent, en tout cas. Pendant la guerre, les Allemands ont fait interdire deux de mes albums: *Tintin en Amérique,* probablement parce qu'ils s'imaginaient que c'était une apologie des Américains, et *L'île noire,* parce qu'il y avait un Écossais sur la couverture!... Du temps du *Lotus bleu,* qui était fortement antijaponais, je vous l'ai dit, l'ambassade du Japon à Bruxelles a fait intervenir un brave général, président des Amitiés sino-belges — *sino*-belges, eh oui! — et mon directeur m'a mis au courant de cette démarche... en me laissant libre de continuer, ce que je n'ai pas manqué de faire.

— On ne vous a jamais accusé d'incitation à la débauche?

— Non. Il paraît qu'en Allemagne, on juge mes histoires trop violentes. On n'a pas encore franchi le mur du son, là-bas: mes albums sont trop violents, ce n'est pas bon pour la jeunesse allemande! Tandis qu'ils ont, eux «Max und Moritz», d'une brutalité, d'une cruauté incroyables! On y coupe les petits chats en rondelles, des types pris dans la glace se mettent à fondre; il y a, là dedans, des choses extrêmement violentes... et au demeurant admirablement dessinées!

— Nous disions que «Tintin» n'était pas un exemple pour la jeunesse. Peut-être que les Allemands l'ont parfaitement compris?

— Je n'en ai pas l'impression: ils l'ont peut-être compris, mais pour de mauvaises raisons!... Enfin, mon éditeur m'a dit que les choses commençaient à bouger, là-bas. Il semblerait que, pour mes albums du moins, Deutschland Erwache!... Non, je n'ai pas eu d'ennuis majeurs.

— Votre femme a-t-elle joué un rôle dans votre œuvre?

— Question délicate, hein?... Je crois que oui, mais indirectement. Bien sûr, elle m'a parfois aidé dans mon travail, notamment pour la mise en couleur de certaines planches. Mais, par sa droiture morale, par une sorte d'intransigeance, elle a surtout renforcé mon côté perfectionniste, mon côté je dirais «héroïste», le côté scout poussé à l'extrême. J'avais une grande admiration pour elle et, sans le savoir, je calquais mon propre comportement sur son attitude assez rigoureuse et exigeante. Et cette intransigeance morale dans la vie s'est forcément ressentie dans les histoires de Tintin.

— Pouvez-vous situer l'époque où cette attitude s'est ressentie précisément dans «Tintin»?

— Précisément, cela a dû coïncider avec *Coke en stock*.

— Alors, cela n'a pas duré longtemps, puisqu'à *Tintin au Tibet*, l'épisode suivant, vous étiez déjà en mutation!

— Oui, mais ce côté rigoriste existait depuis longtemps déjà; il était acquis, mais c'est dans *Coke en stock* que je l'ai, disons, plus précisément ressenti. En réalité, c'était une tendance qui n'a fait que se renforcer durant les années de notre vie commune. Je connais quand même Germaine depuis 1927, ce n'est pas rien, vous savez! Je l'ai connue au *XXᵉ siècle;* elle était la secrétaire du patron, l'abbé Wallez qui était, lui, un homme à la fois d'une grande hauteur de vues et d'un rigorisme extrême. Un personnage étonnant. Or, nous avons tous les deux, mon épouse et moi, subi l'influence de l'abbé dans cette espèce d'intransigeance morale. Nous nous sommes même livrés à une sorte de surenchère dans la recherche d'une perfection certainement utopique; recherche de la hauteur de vues, de la meilleure attitude à suivre, etc. Germaine était naturellement, de par sa nature, plus experte que moi dans l'exercice de cette intransigeance. Encore que, je le reconnais, elle est en train d'évoluer maintenant, de changer vers plus de souplesse et d'indulgence. Mais, moi, je n'étais sans doute pas vraiment doué pour une telle rigueur; et c'est en partie cela qui fut la cause de notre désunion. Je me suis donc aperçu — mais j'ai mis longtemps à m'en apercevoir! — que je n'étais pas fait pour respirer en permanence sur les cimes. Etant Gémeaux, j'ai peut-être tendance à comprendre davantage les choses et les gens, donc à comprendre les erreurs, les faiblesses, à être tolérant. En somme, je n'étais fait ni pour être un saint, ni pour être un héros!

— Ce rigorisme est resté chez Tintin, pourtant.

— Normal, puisqu'il était aussi en moi. Il est resté chez Tintin, mais tout de même moins fort; il a évolué, lui aussi, me semble-t-il... Ma tendance est maintenant: Rastapopoulos, quel pauvre type! Je ne le voyais pas ainsi autrefois. Je pense que j'ai fini par me comprendre moi-même. J'ai abandonné cette tendance à la vertu qui n'était certainement pas ma vraie nature.

— Et quel rôle joue maintenant votre compagne, Fanny[1]?

— Un rôle de pondération et de «dédramatisation». Elle a un sens de l'humour étonnant. Depuis plus de onze ans que nous vivons ensemble, nous attendons toujours notre première vraie dispute! Nous avons fait toutes sortes de voyages, notamment chez les

---

1. Fanny est devenue Madame Georges Remi en 1977.

Peaux-Rouges; je vous assure que ce n'était pas comique, comme séjour, peu de femmes auraient accepté de voyager dans des conditions aussi inconfortables. Mais elle prenait tout ça avec humour, avec une extraordinaire légèreté... Elle possède un côté très droit, une grande rigueur morale elle aussi, mais en même temps cette absolue légèreté, ce sens du sourire, et une extrême finesse à comprendre et apprécier les êtres. Un amour passionné des êtres, une vive tolérance par rapport aux gens, à leurs actes... Pour moi, c'est un grand changement, vous vous en doutez. Un apport énorme. C'est très positif.

— Est-ce que vous la consultez pour vos histoires?

— Oui, je la consulte, on bavarde de mes idées. Parfois, c'est elle qui m'en propose; alors, bien entendu, je m'empresse de les oublier!... Vous voyez, je vous le répète, la séparation, la période où tout a basculé, ce fut un vrai supplice: je quittais un être, ma femme, qui m'avait réellement consacré sa vie, auquel je n'avais strictement aucun reproche majeur à faire...
C'est seulement un climat qui s'est détérioré. Elle a évolué dans son sens, moi dans le mien, le lien s'est bêtement déchiré, c'est tout! Mais, pour elle, il n'y avait aucune raison valable: c'était simplement le «démon de midi» qui saisissait M. Le Trouhadec, voilà tout. Elle n'a pas compris. Peut-être maintenant commence-t-elle à comprendre qu'il y avait autre chose...

— Comment avez-vous connu Fanny?

— Elle travaillait ici comme coloriste. Jamais une chose pareille ne m'était arrivée: c'était comme un petit miracle! Je ne la rencontrais pas plus souvent que n'importe quel autre membre des Studios. Mais, à la longue, je l'ai vue travailler, je l'ai vue vivre, je l'ai entendue... je ne sais pas comment cela s'est fait, mais cela s'est fait tout seul, peu à peu: quelque chose s'est passé, quelque chose de merveilleux nous est arrivé... voilà!

— Merveilleux, oui, mais pas pour tout le monde, hein?

— Oui, il y a eu des dégâts. Des dégâts dramatiques. Germaine et son incompréhension, son chagrin; moi, avec une sacrée dépression nerveuse... Si seulement elle avait été une épouse impossible, querelleuse ou que sais-je encore! Mais non, c'était parfait! Trop parfait, même. Et nous évoluions chacun dans un sens différent... Pendant trop longtemps, mes vraies tendances avaient été étouffées par elle et par l'abbé Wallez. Sans qu'ils l'aient voulu ou su, naturellement. Moi-même, je me forçais à être ce que j'étais alors. J'étais devenu très «protestant», si vous voyez ce que je veux dire. Rigide, moraliste. Il y a des protestants qui n'ont pas la confession; je n'avais pas la confession mais j'étais une sorte de protestant. Et c'était contre ma nature, qui est d'ouverture et de tolérance...

— Aviez-vous au fond une soif de vivre insatisfaite?

— Il y a de ça. J'ai envie de connaître, envie de voir, envie de toutes sortes de choses... oui, j'ai envie de vivre, quoi!

— Êtes-vous ambitieux?

— Au fond, je crois que je l'étais. Dans le sens où, en bon boy-scout, j'aspirais toujours à *faire mieux...* Dans ce sens-là, il me semble que l'ambition est une bonne chose. C'est le besoin d'évoluer, et surtout de se dépasser. En fait, l'ambition serait, en partie, de la curiosité. Chez les scouts, mon totem était «Renard curieux», ne l'oubliez pas!

— Vous rendez-vous compte qu'en créant «Tintin», vous avez fait quelque chose de très important? En avez-vous conscience? Des millions de lecteurs vous adulent...

— Vous êtes d'une génération qui n'aime pas beaucoup Montherlant, mais je vais le citer. Dans la «Lettre d'un père à son fils» de *Service inutile,* il dit à peu près ceci (je cite de mémoire): «Faites alterner des périodes de considération avec des périodes de déconsidération. Lorsque vous aurez constaté que tout cela a le même goût, vous aurez fait un grand pas dans la voie de la sagesse»... Qu'on me traîne dans la boue ou (comme vous dites) qu'on m'adule, je trouve finalement que ça a à peu près le même goût.

— Vous ne me répondez pas quant à l'importance de «Tintin».

— Eh bien! je ne considère pas que j'ai fait «quelque chose de très important», si c'est ce que vous voulez savoir. Au contraire, je suis sans cesse étonné que «Tintin» ait du succès, et cela depuis si longtemps! Et je voudrais bien savoir *pourquoi*. Oui, pourquoi?... Pourquoi les Suédois l'aiment-ils? Et pourquoi, à l'autre bout de l'Europe, les Espagnols l'aiment-ils également?

— Et pourquoi n'y a-t-il pas de cassure dans l'engouement du public, qui n'est pourtant pas le même, à mesure que les années passent?... Lorsque Jacobs s'est remis au travail, dans *Les trois formules du professeur Sato,* ce fut une découverte pour bien des gens. Ce n'est pas le cas pour vous: personne ne vous découvrira quand paraîtra *Tintin et les Picaros.* Pourquoi?... Est-ce parce que vous avez «marqué» toute une génération?

— Je ne sais pas... Je vous assure que je ne comprendrai jamais le succès de Tintin. Pour moi, il doit y avoir, au départ, un malentendu... Quand je vois un Franquin, par exemple, je me dis: «Mais comment peut-on nous comparer?... Lui, c'est un grand artiste, à côté duquel je ne suis qu'un piètre dessinateur.»

— Mais justement, il ne s'agit pas que du dessin!

— Oui, je sais... N'empêche, vous ne m'enlèverez pas de la tête l'idée d'un malentendu à la source!

— Bon, il y a des malentendus qu'il est bon de ne jamais dissiper!... Vous venez de citer André Franquin: je suppose que vous connaissez ses «monstres», les petits dessins qu'il fait en secret pour se défouler. Est-ce que vous avez aussi vos «monstres»?

— Non. Je crois que je les ai exorcisés, mes démons. De toute manière, je vis en paix, avec eux. Je ne crois plus avoir besoin de me défouler, n'étant plus refoulé!

— Vous découvrez le bonheur de flâner?

— Parfois, oui. C'est une chose merveilleuse. Auparavant, je ne le faisais jamais sans un sentiment de culpabilité: je me sentais en état de «péché» dès que je flânais. Mais j'ai appris que ce n'était pas du temps perdu, bien au contraire: on emmagasine, on recharge ses accus, on butine, comme les abeilles...

— Puis-je demander à l'abeille Hergé de me parler un peu de sa ruche, je veux dire de ses principaux collaborateurs? Ceux qui ont compté et ceux qui comptent encore...

— C'est à mon ami (et néanmoins collaborateur!) Baudouin van den Branden de Reeth que revient la tâche — et le mérite! — de s'occuper de tout ce qui n'est pas dessin, c'est-à-dire la rédaction des textes, le courrier, l'organisation intérieure, les contacts extérieurs: c'est le secrétaire au sens complet du terme. Je dispose avec lui à toute heure du jour, depuis vingt ans, d'une machine ultra-sensible: machine à rédiger, à se souvenir, à débrouiller les problèmes. Méticuleux à l'extrême, fanatique de l'ordre, ne remettant jamais au lendemain ce qu'il pourrait aisément faire le surlendemain, c'est au surplus la courtoisie et la loyauté faites homme. Une fois rapidement mis en place les dialogues d'une ou de plusieurs planches, je fais appel à lui pour revoir cela ensemble. Et là, nous avons parfois des empoignades homériques sur un point de style, sur une virgule, sur la façon de tourner une phrase pour la faire mieux coller au dessin. Dans le domaine du dessin, c'est Bob De Moor qui est mon collaborateur le plus proche. Homme merveilleux, généreux, fidèle, bourré de talent (il faut voir ses croquis de voyage!) auteur lui-même de séries excellentes («Barelli», «Balthazar»), exigeant vis-à-vis de lui-même — tout en étant extrêmement bienveillant envers les autres —, toujours soucieux d'approfondir son métier, doué d'une puissance de travail extraordinaire, il a su s'adapter parfaitement au style de Tintin. Jacques Martin, auteur d'«Alix» et de «Lefranc», joue davantage vis-à-vis de moi le rôle de critique: pendant des heures, il discute de la valeur d'un gag, de la construction d'une page, avec une rigueur dont je lui sais gré, même s'il lui arrive d'être irritant!... Quant à mes autres collaborateurs, tous sont déjà des anciens, ils ont eu des années pour prouver leurs qualités, et j'ai avec chacun et chacune d'excellents rapports humains.

— Edgar-Pierre Jacobs vous a-t-il beaucoup apporté?

— Énormément. Il y a longtemps que nous ne travaillons plus ensemble mais, dans les progrès que j'ai accomplis, son influence a été très importante. Il était d'une exigence envers lui-même qui n'a jamais cessé de me surprendre. J'étais plus approximatif que lui et je m'émerveillais d'une telle patience, d'un tel scrupule dans le travail... Je me souviens de la refonte du *Lotus bleu:* pour colorier des colonnes de laque, il voulait une petite pointe de vermillon avec un soupçon d'ocre, afin d'obtenir vraiment le rouge-laque parfait!... Je le revois suçant longuement son pinceau, et moi je lui disais: «Mais, mon vieux, personne ne remarquera ça!»... Mais il le voulait absolument, son rouge-laque!... A l'impression, c'est naturellement un rouge tout différent qui est sorti!... Il n'a cependant jamais changé sa manière de travailler. Aujourd'hui encore, on prétend que, pour sa dernière histoire, *Les trois formules du professeur Sato,* il a attendu plusieurs semaines des documents en provenance du Japon pour pouvoir dessiner exactement une poubelle japonaise!... Edgar est un homme d'une générosité extraordinaire, mais jamais affectée, toujours discrète. Je me souviendrai toujours avec une profonde émotion de l'aventure du gourdin...

HERGÉ RACONTE: EDGAR P. JACOBS ET LE GOURDIN

C'était en 1945, quelques mois après la libération de Bruxelles. A cette époque, j'habitais Boitsfort (près de Bruxelles) et, depuis plusieurs années déjà, mon ami Edgar-Pierre Jacobs travaillait à mes côtés.
Or, ce soir-là, une grande manifestation patriotique devait avoir lieu sur le territoire de la commune, dans le but d'obtenir le châtiment exemplaire et rapide des «kollaborateurs» et, en général, de tous ceux qui, comme on le disait alors, avaient «doué des destinées de la Patrie».
Et le bruit avait couru, à Boitsfort, qu'on allait voir ce qu'on allait voir, qu'il y aurait des expéditions punitives et qu'on allait assister à quelques défenestrations...
Or, les aventures de Tintin ayant paru dans Le Soir *pendant l'occupation, c'était plus qu'il n'en fallait pour être classé comme incivique! Milou lui-même avait été accusé d'avoir «fourré son museau dans les poubelles allemandes», par un académicien dont j'aurai la charité de taire le nom...*
Toujours est-il que, ce soir-là, sa journée terminée, Jacobs m'avait quitté pour rentrer chez lui et nous nous étions séparés sur le traditionnel «A demain!»
Et voilà que, vers 8 h 30, après le dîner, retentit un coup de

sonnette. Nous n'attendions personne: c'est donc avec un petit sentiment d'inquiétude que je vais ouvrir... et que je me retrouve en face de mon ami Edgar!
Surprise d'autant plus grande qu'il tenait à la main un solide gourdin que je lui voyais pour la première fois... Quel bon vent le ramenait donc chez moi le soir même?... Eh bien! m'expliqua-t-il, c'était fort simple: il avait une course à faire dans le quartier et, en passant, comme ça, il en avait profité pour venir nous souhaiter le bonsoir, à ma femme et à moi.
En fait de course, il passa toute la soirée avec nous. Il faisait bon et nous nous tenions sur la terrasse. Dans le lointain, nous entendions les rumeurs de la manifestation et les acclamations de la foule ponctuant les discours des orateurs...
Ce n'est que très tard, lorsque la nuit fut redevenue silencieuse, au moment de prendre congé, que Jacobs m'avoua enfin la véritable raison de sa visite, raison que j'avais d'ailleurs devinée depuis longtemps: il était venu pour me défendre, au cas où des «patriotes» trop excités auraient eu l'intention de me faire un mauvais parti... Rien ne s'était produit, grâce à Dieu, et le gourdin avait pu rester paisiblement dans le porte-parapluies!
Mais jamais je n'oublierai le geste à la fois si amical et si courageux de mon cher Edgar. Et je sais depuis ce jour que, lorsque Mortimer vole au secours de Blake, ou inversement, ce n'est pas seulement de la fiction, c'est Jacobs qui se révèle tout entier!...

(Juillet 1972)

Sadoul — En définitive, Edgar-Pierre Jacobs, c'est Haddock!

Hergé — Exactement!

— Vous m'avez un jour parlé de vos «fous»... Car vous avez «vos fous» comme d'autres ont «leurs pauvres»...

— C'est-à-dire que je suis en rapport avec quelques personnages bizarres, pour le moins, mais qui ne manquent pas toujours d'intérêt. J'ai, en particulier, deux originaux je dirais «officiels», un Français et un Belge, tous deux mordus de bandes dessinées, qui m'écrivent régulièrement, me racontant leur vie en détail... Ces deux-là sont des cas extrêmes. Cependant, beaucoup de gens étranges m'écrivent.

— Seriez-vous un peu psychiatre, à vos heures?

— Pas le moins du monde. Et puis, tout de même, dites donc! j'ai *aussi* des correspondants absolument sains d'esprit!... Par exemple cette vieille dame, morte à présent, hélas! qui s'était prise d'amitié pour moi: ma photo figurait chez elle, auprès de celle du pianiste Cziffra, son autre idole...

— Seriez-vous le réconfort des malades?...

— Comme dans une litanie: réconfort des malades, consolation des affligés!... Oui, ça m'arrive. Ainsi, les parents d'un petit garçon récemment opéré à cœur ouvert, et grand admirateur de Tintin, paraît-il, m'ont demandé pour lui un exemplaire des *Soviets*. Je le lui ai donné, naturellement. Le petit garçon est hors de danger, maintenant. C'est un souvenir très émouvant pour moi.

— Vous lisez absolument toutes les lettres que vous recevez?

— Bien sûr!

— Et vous y répondez personnellement?

— Oui.

— Envoyez-vous toujours les dédicaces, les dessins ou les albums qu'on vous demande?

— Les dédicaces, toujours; les dessins, très souvent; les albums, très rarement. Là, vous comprenez que je n'arriverais pas à satisfaire tous les amateurs!

Hergé et Jacobs à l'Auberge du Chevalier (1953).

9 juin 1932

28 janvier 1932

«L'Ile au trésor»: couverture du «Petit Vingtième»

QUATRE

Sadoul — Voulez-vous que nous examinions maintenant les Aventures de Tintin dans leur ordre chronologique, histoire par histoire, en précisant les détails de la création, les faits marquants, les anecdotes, etc.?

Hergé — Allons-y!

— Nous avons déjà beaucoup parlé des *Soviets:* nous pouvons donc passer directement à *Tintin au Congo.*

— Le *Congo...* Pourquoi et comment ai-je fait le *Congo?...* En réalité, j'aurais préféré envoyer Tintin directement en Amérique après son retour de Russie. Mais l'abbé Wallez m'a persuadé de commencer par le Congo: «Notre belle colonie, qui a tellement besoin de nous et pour laquelle il faut susciter des vocations coloniales», taratata tarataboum! Ça ne m'inspirait pas beaucoup, mais je me suis rendu à ces arguments, et en avant pour le Congo! J'ai fait cette histoire, je vous l'ai dit, dans l'optique de l'époque, c'est-à-dire dans un esprit typiquement paternaliste... qui était, je l'affirme, celui de la Belgique tout entière. Passons, sans plus tarder, à l'album suivant.
L'*Amérique,* ainsi que je viens de vous le dire, me tenait à cœur depuis longtemps. Je voulais, avant tout, faire une histoire avec des Indiens: c'était mon point de départ, mon réel objectif. Mais tout a évolué en cours de route, comme toujours, et je n'ai pas parlé des Indiens comme j'aurais souhaité le faire. J'ai quand même pu glisser que les Américains blancs exploitaient ces

143

malheureux Peaux-Rouges... ce que l'on m'a parfois demandé de modifier pour pouvoir diffuser Tintin dans certains pays. Mais je reste sur mes positions: j'ai dit là une chose vraie, et ce n'est pas celle-là que je vais faire sauter!

— S'il vous fallait supprimer tout ce que vous avez dit sur le compte de tel ou tel pays, il y aurait pas mal de trous dans vos albums!... Quand nous nous sommes vus à Nice, en mai 1971[1], vous m'avez parlé de Chicago, que vous veniez de découvrir, longtemps après l'avoir imaginée dans votre histoire: la réalité vous avait paru rejoindre la fiction...

— En effet, Chicago — une très belle ville — est une ville où j'ai ressenti la peur, ou plutôt une sourde inquiétude assez désagréable. Il m'est d'ailleurs arrivé une petite mésaventure alors que je traversais un immense parking quasiment désert: il y avait là quatre Noirs qui semblaient deviser paisiblement. Mais quand je suis arrivé à leur hauteur, ils m'ont barré la route d'un air menaçant, me disant, en américain, évidemment, des choses que je n'ai pas comprises. J'ai fini par me rendre compte qu'ils exigeaient de moi un «quarter», une pièce de 25 cents pour me laisser passer. Et l'un d'eux, me prenant par le bras, m'a secoué comme un prunier. J'ai protesté, en français, et aussitôt un autre m'a dit, lui aussi en français: «Hé! pas bon pour vous ici... Allez!» ...J'ai estimé qu'il valait mieux écourter l'entretien et, bien entendu, j'ai donné les 25 cents. Ce n'est pas bien terrible, mais c'est une jolie illustration de la vie à Chicago, qu'on appelle d'ailleurs «the winding city»: il y souffle un vent aigre et sec, du moins au mois d'avril, un vent qui vient du lac Michigan et qui provoque un désagréable sentiment de malaise, d'inconfort. Mon impression aurait peut-être été différente si j'y étais allé en été...

— Dans *Tintin en Amérique*, vous introduisez un personnage réel: Al Capone. C'est, je crois, la seule fois où cela vous est arrivé.

— Al Capone était pour moi un personnage quasi légendaire: c'est pour ça que je l'ai mis en scène presque tel quel. J'ai récidivé, ou à peu près, dans *L'oreille cassée,* où Basil Bazaroff ressemble à s'y méprendre à un authentique marchand de canons, le célèbre Basil Zaharoff, Grec anobli par la cour d'Angleterre et qui avait amassé une fortune pendant la guerre 1914-1918 en vendant des armes aux belligérants de tous bords...

1. Voir p. 39 l'interview d'Hergé à Nice.

— Oui, mais vous avez transformé son nom: on ne peut pas dire que c'est *lui,* comme on peut le dire de Capone. Vous avez d'ailleurs pratiqué plus d'une fois le jeu des «allusions»: Ezdanitoff/Jacques Bergier, dans *Vol 714,* contrebandier/ Monfreid, dans *Les cigares du pharaon,* le Müsstler du *Sceptre d'Ottokar,* et ces journalistes du «sensationnel» visés dans *Les bijoux de la Castafiore...* Il y en a probablement d'autres. Mais tous ces personnages sont des pastiches; tandis que Capone, c'est vraiment Capone!

— Exact. Pour cette histoire, je n'avais pas non plus de scénario ni de plan établi. J'allais au hasard, au gré de mon inspiration. Chaque semaine, je fourrais Tintin dans une situation hasardeuse en me demandant souvent comment j'allais l'en sortir! Pour moi aussi, les aventures de Tintin étaient une grande aventure!... Ce n'est qu'à partir du *Lotus bleu* que j'ai changé de méthode et que j'ai essayé de bâtir de véritables scénarios.

— Il y a un fait remarquable: les deux tournants de votre œuvre, *Le Lotus* et le *Tibet* sont marqués au sceau de Tchang.

— Tiens, c'est très juste, ça!... Je n'y avais jamais songé, et je mesure à quel point Tchang a eu son importance dans l'évolution de mon travail. Et dans mon évolution tout court.

— J'en reviens à l'Amérique, que Jerry Rubin appelle «Amerikkka», avec trois k, comme Ku Klux Klan. Dans votre histoire, je songe à cette terrible scène du lynchage[1] où vous assenez un sérieux coup à la bêtise raciste. L'annonce faite à la radio est particulièrement dure, lorsque vous lui faites dire qu'on a lynché quarante-quatre nègres, comme ça, à tout hasard...

— A l'époque, le Ku Klux Klan disposait d'une puissance très réelle. Je pense qu'elle tend à disparaître, ou du moins à diminuer considérablement.

— Croyez-vous?

— Je l'espère de tout cœur, en tout cas.

1. Pages 35 à 37.

Áaaah!...Allons! finie la sieste! En route, Milou: il faut repartir...

Tiens, tiens! voilà qui est extrêmement curieux! Ce ne sont pas mes bottes, ça!...Celles-ci sont cloutées et munies d'éperons. Ça, par exemple, c'est extraordinaire!...

C'est vraiment extraordinaire...

Regarde les traces, là... On dirait qu'il a essayé de les brouiller... Mais ça ne prend pas!... Nous l'aurons bientôt rattrapé...

Extraordinaire...

Stop!

?

Au nom de la loi, je vous arrête!

Mais pourquoi? Je proteste!...

Ah! tu protestes?...Et la Banque de l'Ouest, hein?...Et son directeur?...Et les dollars?...

Nous serons à la ville dans la soirée...

Les voilà!...Les voilà!...Ils viennent d'arriver avec le criminel!

Lynchons-le!...

Rien à faire, Fred! Ils vont le lyncher!...

Cette fois-ci, mon vieux, tu n'y couperas pas! Ma réputation est en jeu et...

Encore raté!!

Quel maladroit!...

Je vais le pendre moi-même!...

Non, non!... C'est moi qui vais m'en occuper! Vous allez voir!

Laissez-moi faire!

C'est moi qui le pendrai!

Non, c'est moi!

Non, moi!

Inutile d'essayer de leur expliquer que je suis innocent! Essayons plutôt de filer! Et en vitesse...

Aïe! ça y est!... Ils se sont aperçus de ma fuite. Ils me donnent la chasse!...

Évidemment, c'est Jimmy, sur son fameux mustang, qui a pris la tête. Tu verras, c'est lui qui mettra la main dessus, le vei-nard...

Tiens? je ne le vois plus... Il était pourtant près de cet arbre quand je l'ai aperçu pour la dernière fois!... En tout cas, aussi vrai que je m'appelle Jimmy, je l'aurai!...

— Avez-vous puisé vos informations dans des documents?

— Notamment dans un numéro spécial du *Crapouillot* sur les États-Unis, si ma mémoire est bonne. J'avais aussi été très frappé par la lecture des *Scènes de la vie future,* de Georges Duhamel. Il y était notamment question des abattoirs de Chicago, ces mêmes abattoirs où Tintin et Milou ont bien failli être transformés en corned-beef[1]...

QUELQUES MOTS SUR L'AGENCE PUBLICITAIRE «ATELIER HERGÉ»

... à ne pas confondre avec les «Studios Hergé», bureaux où l'univers de «Tintin» s'est élaboré et développé...

On l'ignore généralement, mais Hergé eut une activité publicitaire importante, tout au début de sa carrière. Tellement importante que, à côté des petits travaux signés «Hergé» dans la presse, il avait constitué, autour des années 1930-1935, une véritable société de publicité appelée «Atelier Hergé».
Sis 9, rue Rouppe, à Bruxelles — un très sérieux papier à lettre à en-tête le garantit —, cet atelier semblait relativement florissant et groupait Hergé, José Delaunoit et un certain Jacquemotte. En réalité, les deux premiers dessinaient seuls les affiches, bandes et images publicitaires que cet «atelier» exécutait pour les sociétés et les magazines...

Sadoul — Vient ensuite *Les cigares du pharaon...*

Hergé — Ici, je voulais m'engager dans le mystère, le roman policier, le suspense, et je me suis si bien emberlificoté dans mes énigmes que j'ai bien failli ne jamais m'en sortir! C'est d'ailleurs à cette époque que *Le Petit Vingtième* a commencé la publication d'un jeu-enquête, parallèlement à mes histoires: les lecteurs devaient découvrir des solutions aux énigmes posées par Tintin. Et si ça m'apportait des idées, ça me permettait aussi de déconcerter le lecteur.

— Nous assistons à la naissance des détectives X 33 et X 33 bis...

---

1. Pages 53 et 54.

— ... qui deviendront par la suite Dupont et Dupond. J'ai suivi la tradition qui voulait alors que les policiers fussent équipés de chapeaux melon et de chaussures à clous. Et, il y quelques années, un lecteur m'a envoyé la couverture d'un hebdomadaire parisien, *Le Miroir,* datant de 1919 et reproduisant la photo de deux policiers réels ressemblant aux Dupondt comme deux gouttes d'eau. C'est très drôle!... Et ça me rappelle une savoureuse histoire, survenue ici-même il n'y pas si longtemps. Il y avait eu un vol dans l'immeuble, et un inspecteur de la P.J. était venu faire une enquête. Il est arrivé ici, au 5e étage, tout essoufflé, après avoir monté les cinq étages à pied, et s'indignant qu'on n'eût pas songé à installer des ascenseurs dans de pareils immeubles: il était passé raide comme une balle devant les deux ascenseurs sans même les apercevoir!

— Au départ, ces braves Dupondt n'étaient pas des personnages de premier plan, mais plutôt des stéréotypes qui ne retenaient guère l'attention du lecteur. Et puis, peu à peu, ils sont devenus d'extraordinaires créatures. Comment l'idée de ces détectives jumeaux vous est-elle venue?

— Je ne m'en souviens plus du tout. Mais il se fait que mon père avait un frère jumeau qui est mort trois ou quatre ans avant lui. Et jusqu'au bout, tous les deux s'habillaient de façon identique. Mon père avait-il une canne, mon oncle allait acheter la même; mon père s'offrait-il un feutre gris, mon oncle se précipitait pour acquérir un feutre gris! Ils ont ensemble porté la moustache, le melon, ils ont été glabres en même temps... Ce qui est curieux, c'est que je n'ai pas songé une seconde à eux en créant les Dupondt. Mais la rencontre est tout de même assez étrange. A ce sujet, Jacques Martin raconte une anecdote amusante: il avait fait appel à un chiffonnier pour qu'il le débarrasse d'une pile de vieux journaux *Tintin.* Et le brave chiffonnier, avec un bel accent bruxellois, s'était écrié: «Ah! ce sont des Tintin... Moi, je connais ceux qui font les Dupondt!...» — «Comment ça?», s'étonne Martin. — «Oui, ils habitent en face de chez moi!»... Et c'était bien de mon père et de mon oncle qu'il s'agissait: ils «faisaient» les Dupondt!... En effet, le dimanche matin, armés de pied en cap de leurs melons, ou de leurs feutres gris, de leurs cannes, ou de leurs parapluies, suivant la saison, ils allaient faire ensemble une petite balade... et ils «faisaient» les Dupondt! Je trouve ça

Les deux Dupondt, ou la réalité dépasse la fiction.
Extrait de la couverture du journal «Le Miroir» du 2 mars 1919.

magnifique!... Cette erreur bien belge de langage est, en réalité, chargée de significations: ils *font* les Dupondt! Qu'est-ce que ça veut dire exactement? Font-ils semblant d'être les Dupondt? Jouent-ils le rôle des Dupondt? Ou plutôt leur servent-ils de modèles?...

Quoi d'autre encore au sujet des *Cigares?* Henry de Monfreid, nous l'avons vu à bord de son boutre, en mer Rouge, se livrant à la contrebande des armes. Ce que je réprouvais fortement à l'époque...

— Il est pourtant bien sympathique, votre trafiquant. Et il sauve Tintin!

— Oui, je sais, mais il n'empêche que, dans le même temps, je réprouvais fortement ses activités!... Il y a aussi l'entrée en scène de Rastapopoulos. C'est un de mes amis qui avait inventé ce nom et je l'avais trouvé très amusant...

— Dès sa naissance, Rastapopoulos est un individu plein de suffisance et de mauvais goût, mais il n'en est pas moins très redoutable: c'est un affreux dans la bonne tradition, avec une couverture honorable, la «Cosmos pictures»...

— Oui. L'industrie cinématographique faisait une courte apparition dans *Les cigares.* Ce qui y jouait un grand rôle, c'était la drogue. Elle allait me fournir l'enchaînement avec le second volet: *Le Lotus bleu.*

— Nous y voici!

— Là c'est la découverte de la Chine à travers Tchang Tchong Jen. C'est la critique de la politique japonaise en Extrême-Orient où se produisait dans les années 30 le fameux incident du chemin de fer de Moukden, que je relate presque exactement dans cet épisode[1]. Il y avait effectivement des bandits chinois, à cette époque. Mais les Japonais en profitèrent pour proclamer: «Nous venons chez vous, Chinois, pour rétablir l'Ordre et la Civilisation!»... *Le Lotus bleu* marque le début de ma période «documentaliste»! C'était passionnant pour moi de faire évoluer Tintin dans un milieu authentiquement chinois.

---

1. Pages 21 et 22.

— Il faut signaler que *Les cigares* et *Le Lotus* ont été dissociés pour la parution en album, alors qu'ils appartiennent tous deux au même épisode.

— Oui, c'est en fait une seule et même histoire[1].

— Après cela, Tintin est donc allé chez les Arumbayas et cela s'est appelé *L'oreille cassée*... Entrée en scène du général Alcazar, personnage lui aussi très pittoresque, que l'on retrouvera par après lanceur de poignards dans un music-hall, chassé de son pays par son rival Tapioca. Sa puissance d'antan lui sera-t-elle rendue dans *Les Picaros?*

— Très provisoirement!... Dans *L'oreille cassée,* il y a aussi Basil Bazaroff, le marchand de canons dont nous avons parlé tout à l'heure, et les événements liés à la question du pétrole. J'avais découvert les dessous de la guerre en lisant *Le Crapouillot* et ses révélations sur la guerre secrète... A ce moment-là, c'était la guerre du «Gran Chaco» entre la Bolivie et le Paraguay pour la possession de gisements pétrolifères. Une guerre atroce, dont on a peu parlé en Europe.

— L'actualité vous a donc toujours inspiré?

— Presque toujours. J'ai évoqué cette guerre (le nom du territoire étant devenu le «Gran Chapo») et mis en scène Basil Bazaroff (identifié, lui, à deux lettres près), qui vendait aux deux belligérants ses «75 TRGP» (Tir Rapide Grande Portée).

— Vous montrez un autre marchand de mort subite, dans *Popol et Virginie*[2].

— Oui, le marchand de flèches. C'est que j'ai toujours détesté ces gens qui font ouvertement commerce de canons, de chars, de tous les engins de mort possibles!... Je ne vois guère autre chose à dire au sujet de *L'oreille,* sinon que je ne savais plus comment me dépêtrer: cette histoire de bijoux? Qui avait tué? Qui avait volé? Pourquoi? Comment? Je n'en sortais plus[3].

---

1. Il en va de même pour *Le secret de la Licorne* et *Le trésor de Rackham le Rouge,* et pour *Objectif Lune* et *On a marché sur la Lune,* ainsi que pour les quatre premiers épisodes de «Jo, Zette et Jocko».
2. Pages 9 et 10.
3. Heureusement, ou malheureusement, le jeu-enquête avec les lecteurs se poursuivait dans *Le Petit Vingtième.*

— Ici aussi, pour la première et la dernière fois, vous peignez la Mort et l'Au-delà: ces petits diables ricanants qui entraînent les bandits avec eux[1]... Voilà une image qui m'a toujours fortement impressionné, et qui me terrorisait quand j'étais petit!...

— Allons donc?! Sincèrement, je n'imaginais pas traumatiser mes lecteurs!

— Dans *L'île noire,* où nous arrivons maintenant, je note l'apparition du redoutable Müller, antipathique mais jamais caricatural.

— Müller est un Rastapopoulos qui paierait davantage de sa personne. Müller est énergique, alors que l'autre est mou, adipeux. Müller est un costaud très entreprenant. D'ailleurs, dans *Coke en stock* il se lancera personnellement dans l'aventure avec les Arabes, sous le nom de Mull Pacha, tout comme ce très réel officier britannique qui opérait en Jordanie et se faisait appeler Glubb Pacha.Vous savez que j'ai, depuis, entièrement redessiné *L'île noire* à la demande de l'éditeur anglais, qui avait relevé dans la version originale une longue série de détails «britanniquement non conformes». Bob De Moor est allé en Grande-Bretagne et en a rapporté une foule de croquis très utiles pour la refonte de l'album, des photos, des documents grâce auxquels *L'île* nouvelle est, je crois, tout à fait à l'heure anglaise.

— *Le sceptre d'Ottokar?*...

— C'est un ami qui m'a donné l'idée de cette histoire. Elle raconte un Anschluss avorté, au grand dépit du malfaisant Müsstler. On y trouve aussi, avec la dualité des jumeaux Halambique, le thème des frères ennemis. Et c'est encore la naissance du colonel Boris Jorgen, aide de camp du roi de Syldavie.

— Un homme d'envergure, ce Jorgen.

— Indéniablement. Et paix à son âme, puisqu'il a disparu dans l'espace!... On a reproché à Tintin d'avoir, dans *Le sceptre,* joué au défenseur du Trône et de l'Autel, d'être toujours du côté du manche!

— Ce qui est assez vrai, non?

---

1. Page 61.

— Dans ce cas-là, oui. Mais aurait-il été préférable qu'il se mette du côté des États totalitaires?... C'était un peu un conte de fées que je racontais là: un brave petit peuple qui vivait heureux et qui aurait cessé de l'être s'il était tombé sous la coupe d'un Müsstler...

— La Castafiore commence ici à se manifester.

— Ah! oui, elle s'annonce!... Mais elle ne fait que passer. J'étais loin d'imaginer, alors, qu'elle prendrait tant d'importance par la suite. Sa carrière s'est bien affirmée, depuis lors!... Durant la publication du *Sceptre* dans *Le Petit Vingtième,* le petit jeu-enquête s'est poursuivi avec les lecteurs: il fallait découvrir *comment* le sceptre avait pu être volé. J'avais déjà mis au point mon système de vol — l'appareil photographique truqué — mais, suivant les réponses des lecteurs, je pouvais à loisir infléchir mon histoire dans une direction nouvelle. Il m'était d'autant plus facile de dérouter le public que je n'avais pas de scénario bien arrêté mais un simple fil conducteur.

ON A RETROUVÉ LE SCEPTRE D'OTTOKAR!

Le sceptre d'Ottokar existe, et Hergé ne le savait pas. En 1976, des travaux de restauration entrepris dans la Cathédrale Saint-Vitus, au Château de Prague, ont permis la mise à jour des attributs royaux d'Ottokar II, roi de Bohême (1230-1278) et membre de la dynastie des Premyslides. Le sceptre se trouvait parmi ces attributs: un trésor vieux de cinq siècles...

Sadoul — Avec *Le crabe aux pinces d'or,* c'est le capitaine Haddock qui fait son entrée en scène, en même temps que son lieutenant Allan Thompson, lequel Allan reviendra par la suite aux côtés de Rastapopoulos.

Hergé — Et Allan, à ce moment, ne s'imagine pas ce qui l'attend dans *Vol 714.* Moi non plus, d'ailleurs!... Je l'ai toujours montré coiffé de sa casquette, paré de son beau sourire «Pepsodent»: il ne m'a pas été difficile de le démystifier par la suite, en réduisant à néant les atouts de sa séduction.

— Et Haddock?

— Eh bien! pas plus que la Castafiore, je n'aurais cru qu'il allait jouer un rôle de premier plan: il m'a vraiment entraîné, presque de force. Il s'est imposé! Au début, il n'est pas du tout sympathique. C'est un ivrogne, esclave de son vice: une véritable loque. Lorsqu'il sème la panique dans les rangs des Arabes fuyant sa terrible colère[1], il n'est pas héroïque du tout: il est simplement ivre comme toute la Pologne (ça y est: voilà du racisme anti-Polonais, à présent!)... Je suis assez content du dessin qui montre la débandade dans le camp des pillards[2]. C'est un des deux dessins de moi qui me satisfont entièrement: en une seule case, une succession de mouvements, décomposés et répartis entre plusieurs personnages. Cela pourrait être le même bonhomme, à des moments successifs, qui est couché, qui se relève doucement, qui hésite et qui s'enfuit. C'est en somme, si vous voulez, un raccourci d'espace et de temps.

— Et l'autre dessin dont vous êtes content?

— Il se trouve dans *Le trésor de Rackham le Rouge*[3.] Tout y est également très condensé, mais d'une autre manière. A partir du dessin lui-même, qui montre le capitaine s'avançant pieds nus sur la plage, tandis que ses compagnons poussent leur canot sur le sable du rivage, le spectateur-lecteur reconstruit mentalement ce qui s'est passé *avant cela:* le «Sirius» a jeté l'ancre; un canot a été mis à la mer; Tintin et ses compagnons s'y sont embarqués; ils ont ramé pour arriver finalement sur l'île, où le capitaine vient de débarquer... Tout cela, qui a précédé l'action visible décrite dans le dessin, est exprimé par ce même dessin. Dessin fondé donc sur un autre principe que celui, extrait du *Crabe,* dont je vous parlais il y a un instant et où il y avait à la fois simultanéité et succession de mouvements. Dans celui-ci, au contraire, il y a reconstitution inconsciente, par le lecteur, de divers mouvements précédents. Il s'agit d'une sorte de «flash-back» mental effectué par le lecteur lui-même. Celui-ci n'analyse certainement pas tout ce que j'ai voulu y mettre, mais je pense qu'il le subit inconsciemment.

— Sans doute, puisqu'on est plus sensible à certaines images qu'à d'autres.

---

1. *Le crabe aux pinces d'or,* p. 38.
2. *Ibid.,* bande 1, image 2.
3. Page 25, bande 1, image 1

PAN

Mon Dieu! que lui est-il arrivé?...

Qu'y a-t-il, capitaine? Vous êtes blessé?...

Non, mais mon pied a heurté ce machin-là, et je suis tombé. C'est comme ça que le coup est parti...

AOUH! AOUAH!

Du sang-froid! Du sang-froid! OUH! Attention!

AOUH!

OUH! AOUAH!

Laissez-les se débrouiller. Aidez-moi plutôt à dégager ce morceau de bois. Ce... la m'intrigue...

C'est vrai qu'il y a un Dieu pour les ivrognes!... C'est miracle qu'il n'ait pas encore été touché...

Chenapans!... Ectoplasmes!... Marins d'eau douce!... Bachi-Bouzouks!... Zoulous!... Doryphores!...

Froussards!...Macaques!... Parasites! Moules à gaufres!

Ça, par exemple!... Il les a mis en fuite!...

...et si vous osez revenir, vous ferez connaissance avec cette crosse!...

Bravo, capitaine!... Magnifique!...

Qu'est-ce que je leur aurais passé à ces sauvages, s'ils m'avaient attendu!...Mais ils ont détalé comme des lapins...sauf un, qui m'a lâchement frappé par derrière, le pirate...

En avant!... Poursuivez-les!... Et ramenez-les prisonniers!...

Bon sang! le lieutenant!...

Mais alors.... mais alors... ce n'est pas moi qui les ai mis en fuite, ces barbares?...C'est le lieutenant?...

— Voilà pourquoi la confection d'un album prend tellement de temps. Même les dessins qui ne sont pas aussi poussés me demandent un très long travail: travail de réflexion d'abord, travail d'exécution ensuite. La tête et la main...

— Mais il y a certainement d'autres images où vous atteignez à des résultats identiques d'une manière instinctive.

— Peut-être, mais je ne pourrais pas vous en citer. Bien sûr, à la base, il y a toujours une sorte d'instinct. Mais cet instinct lui-même, qu'est-il d'autre que le résultat obtenu instantanément, par un travail cérébral incontrôlé? Il s'agit vraisemblablement d'un choix effectué à toute vitesse par le cerveau, qui agit à la manière — et avec la rapidité — d'un ordinateur.

— Au *Crabe* a succédé *L'étoile mystérieuse*...

— ... où il est question, entre autres, de la rivalité pour le progrès entre l'Europe et les États-Unis. J'ai décrit cette lutte à travers la course de deux navires vers un même but. Dans la première version, le «Peary» arborait pavillon américain, tandis que l'autre bateau, l'«Aurore», voguait sous le drapeau du «Fonds Européen de Recherche Scientifique»[1].

— C'est avec *L'étoile* que le fantastique intervient pour la première fois dans votre œuvre. Il y a des dessins d'hallucinations et des effets optiques remarquables. C'est un épisode qui contient quelque chose d'étrange: des climats fortement oniriques, mystérieux...

— Effectivement. Et sur le plan technique, j'aime assez la séquence des savants atteints progressivement du mal de mer[2]. C'est encore une «progression résumée» où l'on voit des visages différents qui se succèdent, chacun un peu plus vert que le précédent...

— Vous devriez isoler de leur contexte les dessins qui vous plaisent et en faire un tirage à part!

— Il serait vraiment très mince, ce tiré à part, je vous le

1. Cette rivalité existe d'ailleurs encore, la crise financière et le protectionnisme des États-Unis le montrent nettement.
2. Page 24, bandes 1 et 2.

garantis!... Tenez, encore maintenant, je me reproche de n'avoir pas songé à me servir d'une maquette pour dessiner l'«Aurore»: ce bateau n'est pas très réussi, il ne pourrait pas tenir la mer.

— Quand avez-vous commencé à utiliser des maquettes comme modèles pour vos navires, avions et autres fusées lunaires?

— A partir du *Secret de la Licorne*. C'est précisément à cet album que nous arrivons maintenant. A dire vrai, la maquette du bateau n'a cependant été effectuée qu'après coup. Mais j'avais quand même tous les détails nécessaires pour mettre sur pied — si j'ose dire — un navire de cette époque. Il y quelques mois, à Copenhague, au cours d'une conférence de presse, mon éditeur danois m'a fait entrer dans une pièce où trônait une espèce de catafalque rectangulaire recouvert d'un drapeau belge. Il a retiré le drapeau et j'ai pu admirer le superbe cadeau qu'on me faisait: le modèle réduit d'un magnifique vaisseau appelé *Enhjorningen* («la Licorne») et contemporain de ma «Licorne» à moi! Il s'agissait d'un bateau danois construit en 1605 et qui a coulé en tentant de découvrir le passage Nord-Ouest vers le Groenland. Sa figure de proue était précisément une licorne. En France, il n'a jamais existé de vaisseau nommé «la Licorne». Il y a eu un ou plusieurs *Unicorn* anglais et il y a donc eu ce fameux vaisseau danois dont j'ai rapporté le modèle réduit à Bruxelles... Et ici, je songe à une coïncidence extraordinaire: en Angleterre, dans l'Essex, à Leigh-on-Sea précisément, une famille Haddock à compté plusieurs capitaines au long cours et un amiral, Richard Haddock, très précisément contemporain du chevalier François de Hadoque, commandant de «la Licorne»! Il va sans dire que j'ignorais cela lorsque j'ai créé le capitaine Haddock...

ORIGINES (PRÉSUMÉES) DE LA FAMILLE HADDOCK

Certains documents attestent l'existence d'une authentique famille Haddock, dont au moins un membre présente de troublantes similitudes avec le chevalier de Hadoque dépeint dans «Tintin». Ces Haddock de la réalité sont évidemment une lignée de marins: généalogie de loups de mer dont le nom se perd dans la nuit des temps et dans le filet d'un pêcheur sans doute champion de la pêche à l'aiglefin...

Il y a d'abord l'extrait d'un ouvrage de William Addison, intitulé
Essex heyday *(«Les beaux jours de l'Essex»), sorte de florilège*
des faits et personnages ayant marqué l'histoire de cet ancien
royaume saxon.
Je traduis le passage concernant notre sujet:

«(...) *A l'intérieur de l'église*[1] *on trouve les mémoriaux de ces*
beaux marins d'antan dont firent partie les membres de la famille
Haddock, famille qui a produit, en un seul siècle, sept capitaines
et deux amiraux. On raconte l'histoire de Sir Richard Haddock,
capitaine du Royal James, *le vaisseau amiral du comte de*
Sandwich à la bataille de Sole Bay, après que son bateau ait été
mis en flammes et que tous les efforts pour le préserver se soient
avéré vains, le capitaine se précipita dans la mer et eut la
chance d'être sauvé. Après le sauvetage, il fut présenté au roi
Charles II qui, pour lui redonner courage, retira sa coiffe de
satin et la posa sur la tête de Sir Richard. Avec celui-ci et le
comte de Warwick, grand amiral, l'Essex peut s'enorgueillir de
ses marins du XVIIIe *siècle. «Une jolie ville, écrivit Camden à*
propos de Leigh-on-Sea, riche en vigoureux matelots» (...)»

Un peu plus loin, dans ce même Essex heyday, *figure un «Who's*
who» récapitulatif où l'on peut lire, à la lettre H: «HADDOCK,
SIR RICHARD, de Leigh-on-Sea (1629-1715), amiral;
commanda le Royal James *à la bataille de Sole Bay, et, plus*
tard, le Royal Charles, *vaisseau amiral du prince Rupert; armé*
chevalier en 1675; commandant de la flotte de Nore en 1682;
amiral en 1690; également administrateur de la marine».

Il y a encore autre chose: datée d'octobre 1961, une lettre du
tintinologue Henri Plard à Baudouin van den Branden,
reconstituant la destinée d'un autre Haddock, capitaine celui-là,
et peut-être légèrement «extrapolé»... Voici cette lettre, publiée
ici avec l'aimable autorisation de son auteur:

«*Comme je lisais hier un ouvrage des plus sérieux sur*
l'Angleterre de Charles II, j'ai eu la surprise de tomber sur un
très authentique capitaine Haddock, connu par son jugement par
le tribunal de l'Amirauté en 1674. Ce capitaine commandait le
brûlot (fire-ship) Ann and Christofer *en Méditerranée. Ayant*

---

1. De Leigh-on-Sea (N. d. T.).

perdu son escadre, le capitaine Haddock fit tout simplement quelques jours de relâche à Malaga (tiens! tiens!), et y embarqua des marchandises à revendre en Angleterre en commission. La sentence fut modérée: Haddock fut condamné à rembourser tous les profits qu'il avait réalisés sur cette opération peu guerrière et fut suspendu de son commandement pour six mois (référence: DAVID OGG, England in the Reign of Charles II, *Oxford , Clarendon Press, 1955, vol. 1, p. 271-272). J'imagine volontiers que ce capitaine Haddock devait être un cousin du capitaine de «la Licorne». Celui-ci, jacobite, j'imagine, après avoir servi dans la marine royale d'Angleterre sous le lord grand amiral, James duc d'York, puis sous celui-ci, quand il fut devenu roi sous le nom de Jacques II, s'attacha en 1688 à la fortune de son supérieur et souverain, et passa en France avec lui. Le Roi se le fit présenter à Saint-Germain par Jacques II exilé et, en considération de ses services à la mer et de sa fidélité à son souverain légitime, lui confia le commandement de la frégate «la Licorne», qu'il perdit dans les conditions que nous a apprises Hergé. Son nom prouve assez qu'il était d'origine anglaise, mais il avait, selon l'usage du temps, où le duc de Buckingham s'appelle dans les dépêches d'ambassadeurs «Monsieur de Bouquinquant», francisé son nom anglais (Francis Haddock, esquire) en «chevalier François de Hadoque». Son lointain descendant, qui plus tard fut châtelain de Moulinsart et devait acquérir une réputation mondiale, anglomane comme beaucoup de marins, obtint du Conseil d'État, sur preuves d'origine, le droit de rétablir l'orthographe ancienne du nom; de son ascendance anglaise il garda du reste le goût héréditaire du whisky qui devait lui valoir bien des mésaventures et bien des reproches de Tintin. Mais que faire contre l'hérédité? Le chevalier François de Hadoque buvait déjà du «Haig's and Haig's», cette maison existant depuis 1628, comme on sait (...)»*

Sadoul — Cette *Licorne* est suivie par *Le trésor de Rackham le Rouge...*

Hergé — Cette fois, la maquette du «Sirius» a été exécutée d'après les plans d'un excellent chalutier ostendais baptisé *John*, le *0.33*, un merveilleux petit bateau qui navigue peut-être encore aujourd'hui. Pour fabriquer cette maquette, je suis allé demander tous les renseignements utiles aux constructeurs du bateau et j'ai eu en mains tous les plans nécessaires: il est beaucoup plus facile de dessiner en partant d'un bon modèle...

Dans *La Licorne* est apparu pour la première fois le brave Nestor, le type même du «butler», dont on imagine mal qu'il puisse avoir une vie personnelle.

— Mais je crois que, maintenant, vous allez montrer qu'il en a une?

— Oui, dans *Les Picaros,* on verra Nestor sous un jour assez inattendu. Il y manifestera un net penchant pour le whisky de son patron (qui lui, en revanche, ne semblera plus apprécier tellement l'alcool!); on surprendra aussi Nestor en train d'écouter aux portes... Nestor écoutant aux portes, quelle évolution, grands dieux!...

— Et c'est très bien ainsi: vos personnages demeurent bien vivants... Mais il y a quelqu'un pour qui *Le trésor de Rackham le Rouge* est un acte de naissance: Tryphon Tournesol...

— Cher professeur!... Un de plus dont je ne soupçonnais pas l'importance qu'il allait prendre. Il intervient pour la première fois avec son petit sous-marin de poche en forme de requin...

— Tournesol a moins évolué que les autres personnages de Tintin. Il est resté semblable à lui-même, assez mystérieux...

— Mystérieux?... Vous trouvez?... On ne le connaît pas très bien, voilà tout. On sait seulement qu'il est timide, qu'il cultive des roses et qu'il les offre aux dames en rougissant comme un collégien: c'est un grand sentimental qui s'ignore...

— Où avez-vous pris ce nom de Tryphon Tournesol?

— Le prénom de Tryphon, je l'ai emprunté à un menuisier des environs de Boitsfort, où j'habitais alors, et qui se nommait Tryphon Beckaert[1]: ce «Tryphon» m'avait paru merveilleux! Et j'ai voulu assortir le nom de famille à ce prénom si délicat, si

---

1. Lettre d'un jeune lecteur à Hergé: «Ce prénom de Tryphon Tournesol, n'est-ce pas celui d'un certain monsieur Beckaert, menuisier...? Si je me trompe, dites-le moi»...

désuet. «Tournesol» m'est venu, je ne sais plus comment... Mais physiquement, Tournesol et son sous-marin, c'était aussi, c'était surtout le professeur Auguste Piccard et son bathyscaphe. Mais un Piccard en réduction, car le vrai était très grand. Il avait un cou interminable qui surgissait d'un col trop large. Je le croisais parfois dans la rue, et il m'apparaissait comme l'incarnation même du «savant». J'ai fait de Tournesol un «mini-Piccard», sans quoi j'aurais dû agrandir les cases des dessins[1]!...

— Nous arrivons aux *Sept boules de cristal*.

— Et c'est le retour de la Castafiore et d'Alcazar... Là, je me souviens d'un incident qui aurait pu très mal se terminer. C'était pendant l'occupation. Je cherchais un modèle pour la maison du professeur Bergamotte et Edgar-Pierre Jacobs avait découvert exactement le genre de villa qui convenait, pas très loin de chez moi, toujours à Boitsfort. Et nous voilà postés devant cette maison, amassant des croquis sans nous inquiéter le moins du monde: il nous aurait d'ailleurs été aisé — pensions-nous — de fournir la moindre explication à quiconque nous l'eût demandée. D'ailleurs, la maison semblait déserte. Notre travail terminé, nous repartons paisiblement. Surgissent à ce moment deux autos grises, bourrées de soldats allemands, et qui stoppent devant la villa: celle-ci était réquisitionnée et occupée par des SS! S'ils nous avaient surpris quelques instants plus tôt en train de prendre nos croquis, sans doute nous auraient-ils posé quelques petites questions...

— Espionnage!

— Oh! sans aucun doute!... Parlons maintenant du *Temple du Soleil*.

— Aviez-vous lu *L'épouse du Soleil*, de Gaston Leroux?

— Oui, il y a de longues années, et cela m'avait fortement impressionné, notamment la vengeance par ensorcellement de ces trois Incas aux noms bizarres: «Crâne pain-de-sucre, Casquette-crâne et Crâne petite-valise». J'ai repris moi-même le thème de

1. Le vrai Piccard est d'ailleurs dessiné par Hergé dans le même album (p. 75, 4e case).

Âh! cette scène de panique est admirablement jouée!...Et cette idée d'attendre une véritable éclipse pour la tourner:géniale!

Une éclipse!...Une éclipse!!...Une éclipse!!!

Inutile de s'alarmer: c'est tout plement une éclipse...

Wou-ou-ouh!...

Grâce, Etranger, je t'en supplie!...fais que le soleil luise à nouveau...Et je t'accorderai tout ce que tu me demanderas!

Soit, noble Inca, j'ai confiance en ta parole...Sois donc rassuré: je vais ordonner au soleil de réapparaître...

Wou-ou-ou-ouh!

O Soleil, puissant astre du jour, je t'en conjure, sois clément!...Aie pitié de tes fils et que ta lumière réapparaisse!

Wou-ou-ou-ouh!

Par Pachacamac! le soleil lui obéit... Vite!vite!qu'on les délivre à l'instant!

Eh bien,capitaine?...Le journal...Comprenez-vous,à présent?...

C'est...c'est magnifique!...

Merci, ô puissant astre du jour!...Merci d'avoir daigné répondre à l'appel du jeune étranger!

"Le Soleil a rendez-vous avec la lune" ♫ ♫

Un peu de majesté, capitaine,comme il sied à des gens qui commandent au soleil.

Tendant ce temps-là...

Personne...Et pourtant, ils sont quelque part où ils ont été fort secoués...

l'envoûtement... Pour *Le temple,* j'avais fait faire un poncho à rayures. Edgar-Pierre Jacobs s'en couvrait et prenait la pose. Et parfois on punaisait le poncho au mur pour bien en fixer les plis, pour donner l'illusion que le vent le faisait voler, et je dessinais fidèlement les rayures...

Le temple, c'est aussi l'apparition de Zorrino, le petit Indien que Tintin défend contre deux brutes de race blanche... Car il est bien entendu, n'est-ce pas? que je suis un affreux raciste!

— Dans cet épisode, je déplore une sorte de «deus ex machina» inhabituel dans votre œuvre: je veux parler de l'éclipse de soleil qui vient miraculeusement tout arranger[1].

— Tout à fait d'accord avec vous: cette éclipse est un point noir, si j'ose dire! D'autant plus que ça n'a rien de très original. En outre, il se fait que les Incas, adorateurs du Soleil, étudiaient le ciel et connaissaient probablement très bien les phénomènes célestes. Je me suis, par conséquent, entièrement fourvoyé en les faisant passer pour des ignorants, ce qu'ils n'étaient sûrement pas dans ce domaine. Ça, c'est vraiment du racisme!... Mea culpa!

— C'est la merveilleuse candeur de Tournesol qui sauve cette scène.

— Oui, heureusement qu'il est là, bardé de sa superbe inconscience!

— Quant à *Tintin au pays de l'or noir,* il a été composé en plusieurs périodes, je crois?

— Oui, curieux destin que celui de cette histoire-là. Elle a commencé de paraître en 1939, dans *Le Petit Vingtième* et dans *Cœurs vaillants,* pour être interrompue en mai 1940, à la page 25. En septembre 1948, je suis reparti à zéro, en modifiant le récit pour le journal *Tintin*, et enfin, tout récemment, j'ai une fois de plus remanié l'histoire, à la demande de mon éditeur anglais, car l'album ne pouvait paraître en Grande-Bretagne dans sa version originale: il y était question de la lutte des organisations juives (groupe Stern, Hagannah, Irgoun) contre l'occupant britannique, avant l'indépendance d'Israël. Pour le lecteur belge ou français de

---

1. Pages 58 et 59.

l'époque — l'histoire se passait en 1939 —, même s'il était trop jeune pour s'intéresser aux événements de Palestine, ces faits étaient à l'ordre du jour: on en parlait autour de lui. En revanche, pour le jeune lecteur anglais d'aujourd'hui, qui en est à découvrir Tintin, les allusions de *L'or noir* auraient été court-circuitées; elles ont donc disparu dans la version nouvelle. La lutte se circonscrit entre l'émir Ben Kalish Ezab et son rival qui tente de lui prendre son émirat, de devenir «calife à la place du calife»!

— Bab el Ehr.

— Bab el Ehr, qui signifie «bavard» en bruxellois, orthographié autrement, bien sûr!... Mais pour en revenir à ce «remake» de *L'or noir,* je trouve l'histoire ainsi transformée bien plus simple, donc meilleure.

— Oui et non. Parce qu'à ce compte-là, bien d'autres choses seraient à supprimer, comme les événements sino-japonais du *Lotus bleu...* Mais vous avez aussi profité de ce remaniement pour transformer certains dessins?

— C'est exact. Le pétrolier que j'avais dessiné en 1939 était manifestement mal dessiné: je ne disposais pas de bons documents. Bob De Moor est donc allé au port d'Anvers, y a découvert un pétrolier datant de 1939 et nous l'avons utilisé comme modèle. Et j'ai eu, d'autre part, la réponse à une question qui me tracassait depuis longtemps: il y bien des rats sur les pétroliers! Et comment parviennent-ils à monter à bord? Par les haussières qui retiennent le bâtiment à quai. Simple comme bonjour! Voilà donc un point d'histoire éclairci!...

— Vous ne faites intervenir Haddock qu'à la fin de l'épisode...

— Pour l'excellente raison que le Capitaine n'existait pas encore en 1939, quand j'ai commencé *L'or noir!*... Il y a aussi l'intervention malheureuse de Tournesol, et l'arrivée de deux personnages qui me sont chers: l'Émir et son fils Abdallah.

— Un merveilleux duo! Et aussi, dans *L'or noir,* la confirmation de cet excellent acteur, apparu pour la première fois dans *Les cigares du pharaon:* le senhor Oliveira da Figueira, si sympathique, si drôle et jamais ridicule...

— Il est bien un peu roublard, mais c'est un ami fidèle.

— Après cela, est venue la conquête de l'espace: *Objectif Lune* et *On a marché sur la Lune*. Vous avez été précurseur en la matière!

— En fait de précurseur, il y a eu un certain Jules Verne. Moi je n'ai fait que «romancer» des bouquins qui existaient déjà, en particulier *L'astronautique* d'Alexandre Ananoff. J'ai lu beaucoup avant de me lancer dans cette histoire et j'ai encore toute une petite bibliothèque consacrée à la question. La maquette de la fusée lunaire a été effectuée très minutieusement et soumise à l'approbation d'Ananoff lui-même, à qui j'ai été la montrer à Paris. Je voulais que Bob De Moor, au moment de la dessiner, sache exactement à quel endroit du véhicule spatial les personnages se trouvaient. Il était essentiel que chaque détail fût à sa place, que tout fût parfaitement au point: la partie était trop dangereuse pour que je m'y engage sans garantie. C'était un sujet «casse-gueule»: j'aurais pu représenter des animaux monstrueux, des êtres incroyables, des bonshommes à deux têtes et me casser la figure... J'ai donc pris mille précautions: pas de Sélénites, pas de monstres, pas de surprises fabuleuses!... C'est pour cette raison que je ne ferai plus d'albums de ce genre: que voulez-vous qu'il se passe sur Mars ou sur Vénus[1]? Le voyage interplanétaire, pour moi, est un sujet vidé.

— Il y cependant deux faits importants, dans *On a marché:* les traces de pas, et la glace.

— Les traces de pas, grâce à vous, sont désormais une énigme!... Quant à la glace, il semblerait que ce soit vraisemblable, plausible en tout cas. La possibilité de l'existence de l'eau, sous une forme solide, m'avait été confirmée par Bernard Heuvelmans, qui m'a aidé à réunir ma documentation sur l'astronautique, avant de m'aider de sa science pour me faire faire plus ample connaissance avec le yéti, quand je commencerai le *Tibet*.

— Dans *On a marché sur la Lune,* le colonel Jorgen nous quitte avec un panache digne de sa vie d'aventurier. L'ingénieur Frank Wolff s'en va aussi, après une trop brève carrière: c'est une des plus belles, une des plus émouvantes figures de votre monde.

---

1. A rapprocher de *2001, a Space Odyssey,* chef-d'œuvre du génial Stanley Kubrick, où la plus grande partie du récit se situe durant le vol spatial, faisant primer l'analyse psychologique sur les événements purement «fantastiques».

— Pauvre Wolff! C'est la victime parfaite! Le coup est classique: il joue, il s'endette, on l'oblige à faire de l'espionnage, on le tient par la peur, etc. Il y a une chose que je regrette: c'est la lettre laissée par Wolff avant son suicide[1]. Dans son message d'adieu, il écrit notamment: «Quant à moi, peut-être un miracle me permettra-t-il d'en réchapper aussi»... Cela, c'est le fruit de l'intervention de personnages bien-pensants, troublés par le fait qu'il s'agissait d'un «suicide». «Mais pas du tout, avais-je répliqué: c'est un sacrifice! Le soldat qui se fait sauter avec un pont, l'Église lui refusera-t-elle son ticket pour le Paradis?» Mais il fallait sortir de cette impasse et j'ai fini par céder, et par écrire cette sottise: «Peut-être un miracle me permettra-t-il d'en réchapper...»

— Eh bien! je trouve, moi, que c'est une phrase admirable!

— Il n'y a pas de miracle possible: Wolff est condamné sans appel, et il le sait mieux que quiconque!

— Peut-être, mais jusqu'à la seconde de sa mort, il espère que quelque chose se produira et qu'il sera sauvé: c'est sublime, non?

— Tant mieux pour nous si vous le voyez ainsi!

— D'autre part, cette phrase, dans son esprit naïf et malgré tout généreux, elle est écrite un peu pour rassurer les autres. Ne pas perdre l'espérance, et ne pas inquiéter ses compagnons: il y a l'un et l'autre dans ce très beau passage!

— Ah! vous m'enlevez un grand poids!... Quoique Wolff... Non, je ne dis plus rien et j'accepte votre hypothèse!

— *L'affaire Tournesol* voit le retour de quelques personnages qui commencent à bien prendre tournure. C'est également l'entrée en scène de l'extraordinaire Séraphin Lampion, votre «belgicain» favori. Où l'avez-vous pêché, celui-là?

— Oh! vous savez, Lampion existe à des milliers d'exemplaires: c'est le type même du Bruxellois — et pas seulement du Bruxellois — satisfait de lui-même. On en exporte des quantités!

1. Page 55.

171

Durant les vacances, ils déferlent en hordes compactes sur les pays étrangers. On reconnaît généralement le Bruxellois «belgicain» au fait qu'il porte, en même temps, une ceinture et des bretelles... C'est dans le passé que j'ai puisé le modèle de Lampion: pendant la guerre, alors que j'habitais Boitsfort, je reçois la visite d'un brave homme qui venait me vendre je ne sais plus quoi, qui s'assied et qui me dit, en me désignant mon fauteuil: «Mais asseyez-vous donc!»... L'importun dans toute sa splendeur!

— D'où tenez-vous ce nom parfait, Séraphin Lampion?

— J'ai longtemps cherché avant de le trouver. Il me fallait quelque chose de «soufflé», une sonorité qui exprime à la fois le côté rebondi et mou du personnage. J'avais d'abord pensé à «Crampon», mais c'était trop explicite et trop dur. «Lampion» m'a paru mieux convenir. Et «Séraphin» accentue le contraste.

— Il est vraiment antipathique, ce Lampion.

— Pas vraiment antipathique. Ce n'est pas un méchant homme, mais il est très satisfait de lui-même et, par là, horripilant. Sa famille est horrible: la femme, les enfants, la belle-mère, tout ce petit monde est effroyable! Ils mettent à sac le château de Moulinsart. Épouvantables, je vous dis! Quant à Lampion, je trouve irritante cette façon de raconter toujours les histoires de son oncle Anatole, le coiffeur. Mais au fond, le personnage m'amuse beaucoup. Dans *Les Picaros,* il passe brièvement, le temps de faire une scène au capitaine Haddock parce qu'il a appris, par la presse, que la Castafiore venait de faire assurer ses bijoux et que ce n'est pas lui, lui Lampion, qui a été chargé de cette opération!...

— Dans *L'affaire Tournesol,* la Suisse joue aussi un rôle...

— Savez-vous que *Tintin* paraît en Suisse depuis 1932, dans l'hebdomadaire catholique *L'Écho illustré?* Les Suisses romands sont de vieux amis de mes séries... C'est à propos de *L'affaire Tournesol* que je me suis déplacé pour la première fois, pour prendre croquis et photographies des lieux où allait se dérouler une action: il fallait que je découvre l'endroit exact, près de

Mille milliards de mille
millions de mille sabords!
encore un coup de ce démon
de gosse!.... Est-ce que je
n'aurai donc jamais la paix,
mille tonnerres?.. La paix?.

Monsieur, Monsieur Lampion
vient d'arriver. Il...

Qui ça?.. Séraphin Lampion?
.. Ah! non, non!.... Je veux
la paix!... La paix!...

Salut, vieux frère!... Comment vas-tu...
yau de pipe?.. Moi ça va... porisateur!...
Ha!ha!ha!ha!... Ça fait plaisir de se
retrouver, hein, vieille branche!...

Euh...

Ah! mon vieux barbu, je t'ai
fait une surprise!... Oui, c'est
très joli, la campagne, mais
c'est triste...

Ça dépend des goûts...

Non, non, c'est triste, je
t'assure. Alors, je me suis dit:
"Séraphin, il faut des
distractions à ce vieux
flibustier..."

C'est très gentil à
vous, mais je...

Taratata, pas de mais!...Pour moi,
c'est facile. Je suis président du
"Volant Club" de mon patelin et je
n'ai eu qu'à organiser un rallye,
dont la der- nière épreuve...

...se déroule chez toi!

FIN

Genève, où une voiture peut quitter la route et tomber dans le lac. Tout autour du lac, il y des quantités de propriétés privées, de villas, etc., et très peu d'endroits où la route longe réellement le lac et le surplombe. Je suis donc allé vérifier sur place.

— Vous avez assez peu insisté sur la «Suisse éternelle» et cela nous prive sans doute de quelques bons moments.

— Vous savez, je crois que j'aurais plutôt montré une Suisse très peu connue, mais qui m'a vivement intéressé à chacun de mes séjours là-bas. Je connaissais des pêcheurs du lac de Genève, qui vivent sur les lieux de leur travail et vont, la nuit, placer leurs filets, qu'on appelle là-bas des «pics», dont ils vendent, le jour, le contenu à tous les établissements des environs. Et il s'agissait d'une joyeuse bande de gais gaillards, buvant sec, au langage dru, bagarreurs... J'aurais donc montré le lac «vu du lac», avec ces bonshommes redoutables et fascinants; j'aurais fait découvrir une Suisse bien différente de la Suisse ripolinée et ordonnée que l'on voit habituellement.

— Nous voici à *Coke en stock*.

— Oh, là, une fois de plus, je suis raciste. Pourquoi? Parce que les Noirs parlent «petit nègre»!... C'est en tout cas l'opinion de l'hebdomadaire *Jeune Afrique* qui m'a traîné dans la boue à ce propos[1]. Qu'est-ce que j'ai pris, dites donc! Il y a longtemps de ça...

— Comment vous est venue l'idée du trafic d'esclaves noirs par les Arabes?

— Plusieurs journaux en avaient parlé, à l'époque, et j'ai conservé les articles. C'est d'ailleurs un sujet qui revient encore régulièrement sur le tapis, mais personne n'ose ou ne peut intervenir. Il semble bien que l'esclavage existe encore dans certains pays arabes; mais ça n'a pas la même signification pour eux que pour nous... Piotr Szut fait son entrée dans cet épisode. Et d'autres personnages reviennent: Alcazar, Abdallah, les Dupondt, la Castafiore, Mull Pacha-Müller, Lampion, Oliveira da Figueira, etc.

— Et il y a cette page étonnante où vous réunissez d'un seul coup

1. G. R., «Tintin le 'vertueux'», *Jeune Afrique,* n°66 (3.1.1962). Cet article provoque une réponse de Pierre Grosjean au n° 69 (24.1.1962).

presque tous vos méchants[1]. Outre le trafic de «coke», vous attirez l'attention, une fois de plus, sur le trafic des armes.

— C'est une chose devenue tellement courante, à présent: on ne «trafique» plus, on vend ouvertement du matériel de guerre! Je me souviens d'une publicité pour une compagnie d'aviation qui avait une ligne vers Hong Kong, où l'on disait que les taxes concernaient uniquement les alcools, les parfums... et les armes! Il faut aussi que je m'accuse une fois encore (j'espère que c'est la dernière!) d'une cruauté toute gratuite envers un animal: ce pauvre requin que je fais exploser sans hésitation[2]... Je croyais encore que les requins étaient de vilaines grosses bêtes. J'en avais une conception anthropomorphe et un peu niaise: les requins étaient «méchants». Peut-être est-ce parce que l'on n'a jamais vu un requin garder des troupeaux de moutons?... Pour préparer cet album, je suis parti, avec Bob De Moor, en voyage sur un cargo, afin de bien nous mettre dans l'ambiance. Nous avons accumulé photos et croquis, car il fallait essayer de rendre de façon «vécue» l'atmosphère maritime, les détails bien particuliers propres à ce type de bateau.

— Et nous assistons, dans la dernière case de l'album, au triomphe des casse-pieds!

— Cette scène est authentique, croyez-le! Elle illustre une mésaventure qui m'arrive quelquefois. J'ai une maison de campagne...

— Un château!

— ... une maison de campagne, dans les environs de Bruxelles. Trois ou quatre fois, durant l'été, des rallyes passent par là. Et ma maison figure souvent au «menu» de ces réjouissances: «Trouvez la maison d'Hergé», ou bien «Calculez le poids de la grille de la maison d'Hergé»... Alors on vient demander ceci ou cela, et c'est le défilé des importuns!...

— Ne pouvez-vous pas l'empêcher?

— Comment faire?... Comment empêcher un Lampion de venir

1. Page 60.
2. Page 58.

sonner à votre porte, et de vous poser des questions idiotes comme: «Quel est le poids de votre grille?» ou «Quelle est la date de construction de votre maison?»...

— Les organisateurs le font-ils pour vous ennuyer?

— Certainement pas: peut-être même imaginent-ils me faire un grand plaisir!

— Votre œuvre fourmille donc de détails vécus?

— Elle en est pleine. Abdallah, le petit enfant gâté insupportable, en est encore un exemple: j'en connais, et vous en connaissez certainement, vous aussi. C'est un type.

— Nous arrivons à présent à *Tintin au Tibet,* où vos entonnez une sorte d'«hymne à l'Amour».

— Disons une sorte de chant dédié à l'Amitié.

— Le point de départ de cet épisode est très étrange: un rêve prémonitoire pousse Tintin, contre vents et marées, à voler au secours de son ami. Or, selon toute vraisemblance, Tchang est mort.

— Mais je crois aux rêves prémonitoires. Il y a assez de témoignages qui confirment la chose. Même si cela ne m'est jamais arrivé à moi, d'autres en ont fait l'expérience. Dans le même album, il y a aussi le phénomène de lévitation, qui a été rapporté par bon nombre d'auteurs dignes de foi, notamment Alexandra David-Neel et Fosco Maraini, je crois, qui ont séjourné longtemps au Tibet.

— Il y a aussi ces interférences avec le nom de Tchang...

— Oui, le son «Tchang» revient souvent au début de l'histoire: Tintin le crie en rêvant, puis il y a les éternuements, le chien qui s'appelle Tchang, comme si le destin voulait à tout prix répéter le message...

— Il y a là quelque chose d'onirique.

177

— Il y a également le rêve du Capitaine qui s'endort en marchant et se cogne contre un arbre[1], rêve, celui-là, sans véritable signification.

— Quand vous décrivez un rêve, le construisez-vous réellement?

— C'est plutôt «reconstruit» qu'il faudrait dire: je me laisse aller à la rêverie, puis je rassemble, parmi les données qui émergent, les matériaux utilisables. Je reconstruis le rêve pour le rendre graphique. C'est ainsi que j'ai procédé également pour le rêve des *Bijoux de la Castafiore,* où le Capitaine se retrouve tout nu au milieu d'une foule de perroquets en smoking[2].

— Vous servez-vous de vos propres rêves pour illustrer ceux de vos histoires?

— Non, pas exactement. Mais j'utilise leur logique ou plutôt leur apparent manque de logique. Les rêves que l'on fait sont tellement vagues, tellement flous qu'il est difficile de les dessiner: on sent que c'est à peu près cela, mais dès que l'on veut leur donner une forme, ils vous échappent. C'est pourquoi il faut ajouter, supprimer, c'est-à-dire reconstruire le rêve.

— Dans le *Tibet,* la neige est considérée comme une chose étouffante, dangereuse, tout comme l'avalanche qui guette les personnages.

— C'est bien ça. A cette époque, je traversais une véritable crise et mes rêves étaient presque toujours des rêves de blanc. Et ils étaient très angoissants. J'en prenais d'ailleurs note et je me souviens de l'un d'eux où je me trouvais dans une espèce de tour constituée de rampes successives. Des feuilles mortes tombaient et recouvraient tout. A un certain moment, dans une sorte d'alcôve d'une blancheur immaculée, est apparu un squelette tout blanc qui a essayé de m'attraper. Et à l'instant, tout autour de moi, le monde est devenu blanc, blanc. Et j'ai pris la fuite, une fuite éperdue... Quand le docteur Ricklin a pris connaissance de ce rêve et de quelques autres, il m'a conseillé d'interrompre mon travail...

— Mais vous avez continué de travailler, et c'est sans doute ce qui vous a permis de surmonter l'épreuve: votre activité vous a été

1. Page 16.
2. Page 14.

plus salutaire que n'importe quelle psychanalyse. Cela me fait penser à Jerry Lewis, un être profondément déchiré qui trouve son équilibre dans ses films. Un psychanalyste lui a d'ailleurs déclaré que son intervention risquerait de lui faire du tort, et que seule sa propre création lui tiendrait lieu de cure. Il me paraît évident qu'un créateur trouvera son équilibre exclusivement dans l'œuvre qui s'accomplit, non?

— Et c'est peut-être une des raisons pour lesquelles je n'ai pas fui. Au contraire, j'ai réagi, je me suis acharné à mon travail et j'ai fini par mener à bien cette histoire.

— Est-ce pour tout cela que vous représentez le yéti comme un être presque humain?

— Probablement. Mon yéti est un être qui cherche, lui aussi, l'amitié. Au départ déjà, j'avais l'intention de le rendre plus humain et pas du tout «abominable». C'est d'ailleurs grâce à l'intervention de Fanny que j'ai «humanisé» le yéti. Preuve que je n'ai pas toujours oublié ses idées, contrairement à ce que je vous disais précédemment!...

— Vous ne disposiez sans doute pas d'une solide documentation sur lui?

— D'une documentation très complète, au contraire, fournie en grande partie, ainsi que je vous l'ai dit, par mon ami Bernard Heuvelmans. J'avais la liste de toutes les personnes dignes de foi qui avaient vu le yéti; j'avais une description très précise de son habitat, de son mode de vie; des photographies de ses traces, etc. J'ai également rencontré le vainqueur de l'Anapurna, Maurice Herzog qui, lui aussi, avait vu des traces et m'a affirmé qu'il ne s'agissait pas d'un ours: les ours sont des quadrupèdes qui ne se redressent qu'en de rares occasions, alors que les traces étaient bien celles d'un bipède et s'arrêtaient au pied d'une grande muraille rocheuse...

— Vous avez reproduit ce détail dans l'album[1].

— Oui. Le prétendu «abominable homme des neiges» ne vit

---

1. Page 26.

Allons, allons !... Vous aussi, vous vous y laissez prendre ! ...Ce sont des traces d'ours, ça !... Les ours aussi marchent parfois sur leurs pattes de derrière, c'est connu.

Oh !... Et puis, tonnerre de Brest ! il n'y a qu'à suivre cette piste !. Nous allons bien voir'

Non, Sahib, pas faire ça !... Toi être prudent !

Prudent !... Prudent !... Ils commencent à me casser les pieds, avec leur yéti !

Mille millions de mille sabords !... Ma bouteille de whisky !...

VIDE!

MRKRPXZKRMTFRZ!

Mon whisky, espèce de cromagnon !... Mon whisky, mame louk !... Vampire !... Soulographe !... Trompe-la-mort !...

Macrocéphale !... Amphytrion !... Rocambole !... Ectoplasme !... Phylloxéra !... Cannibale !...

Diplodocus !... Flibustier !... Mégalomane !...

Descends donc, boit-sans-soif ! si tu n'es pas un lâche !

Toi pas crier, Sahib... Avalanches !...

Coloquinte !... Cyanure !... Anthropopithèque !...

évidemment pas dans la neige: on ne retrouve ses traces que lorsqu'il franchit les sommets pour aller chasser dans une autre vallée... Avec toutes ces données, j'étais donc à l'aise pour éviter — comme pour la *Lune* — les pièges de la légende. Vous allez me demander pourquoi on n'a pas encore capturé un yéti? Tout d'abord, il faut le trouver: il n'y en a certainement pas des quantités. Et lorsqu'une caravane partait à sa recherche, comme cela s'est produit, il pouvait la voir venir de très loin et avait le temps de se sauver...

— Il ne semble pas spécialement «méchant»?

— Pas du tout même. On possède le témoignage d'un sherpa, selon lequel une petite fille aurait été recueillie et soignée par un migou. Donc...

— Donc, l'aventure de Tchang aurait pu se produire réellement?

— *Si non e vero!*... Évidemment, on a longtemps conjecturé sur ce fameux crâne en forme d'obus que l'on a découvert; or, il s'est avéré que ce crâne était un faux. J'ai cependant conservé, dans mon dessin, la forme ovoïde de la tête du yéti parce que tous les témoins sont d'accord sur ce point. Je ne sais pas pour quelles raisons on l'a qualifié d'«abominable». Sans doute parce que son aspect doit être assez effrayant.

— C'est King-Kong! D'ailleurs, le film de Cooper et Schoedsack montre un être proche de votre migou: un grand singe assoiffé de tendresse... Aviez-vous vu le film, à l'époque?

— Non, mais je l'ai vu à la télévision, il y a peu de temps. Je pense que c'est aussi une très belle histoire d'amour. Et vous me faites découvrir à l'instant à quel point il y a des concordances entre les deux récits. C'est assez troublant... Je voulais faire du yéti un être presque humain, peut-être en guise d'expiation pour tous ces animaux que j'avais massacrés jadis dans *Tintin au Congo!*... A la dernière case de l'histoire, c'est seulement suggéré car je n'ai pas voulu sombrer dans le pathos, le yéti, regardant partir la caravane, a certainement du chagrin, car il va retourner à sa solitude... Pour en terminer avec le *Tibet*, voici une anecdote: un représentant de la compagnie aérienne «Indian-Airways» est venu ici se plaindre de la contre-publicité que je lui faisais: «C'est scandaleux! Aucun de nos avions n'est jamais tombé! Vous nous faites un tort considérable!»...

— Vous aviez reproduit leur sigle sur l'avion accidenté?

— Oui, et je nommais la compagnie en toutes lettres, dans une coupure de journal[1]! Alors, j'ai changé le sigle et la compagnie est devenue la «Sari-Airways»... Mais il y a tant de compagnies d'aviation, là-bas, que peut-être la «Sari-Airways» existe aussi? Ça, c'est la rançon de la précision!...
Parlons maintenant des *Bijoux de la Castafiore*. Cette histoire qui devait être axée sur des romanichels, s'est en fait développée comme le lierre et a évolué dans un autre sens. J'y ai introduit le détail «vécu» du marbrier Boullu qui doit venir réparer la marche d'escalier. J'ai une certaine expérience en la matière: les transformations de ma maison de campagne ont duré deux ans!
Un jour, après la publication de l'album, j'ai reçu une lettre d'une dame habitant le Brabant wallon, me demandant si le Boullu des *Bijoux* était bien l'entrepreneur Boullu qui lui avait jadis construit une terrasse, terrasse qu'elle voulait faire réparer, et dans l'affirmative, si je voulais bien lui communiquer son adresse actuelle[2]!

— Dans cet épisode, il y a un problème latent d'incommunicabilité: par exemple, l'article de «Paris Flash»[3]... Vous pastichez là un hebdomadaire très connu. Ses rédacteurs ne vous en ont pas voulu?

— Je ne crois pas. Je crois même savoir qu'ils en ont bien ri. Ils ont le sens de l'humour, à *Paris*... euh, *Flash!*... Je pensais évidemment à un célèbre hebdomadaire coutumier de l'erreur, au point de croire qu'il y avait, au sein de la rédaction, un membre spécialement payé pour introduire des fautes! Un jour, ils sont venus faire un reportage sur «Tintin» et ils ont pris des notes, notamment sur la grande enseigne à l'effigie de Tintin et Milou qui surplombe le bâtiment des éditions du Lombard, à Bruxelles. Ils en ont demandé les dimensions et j'imagine qu'ils ont communiqué les chiffres exacts à leur rédaction. Eh bien, à la

1. Page 2.
2. Autre rencontre du même style: à Watermael-Boitsfort (commune de l'agglomération bruxelloise), une très authentique boucherie «Sanzot» a existé en 1935...
3. Page 27.

Lisez ça et dites-moi si vous y comprenez quelque chose... Et ce casse-pieds de Lampion vient de me téléphoner pour me féliciter, lui aussi...
Ah?...

Sincères félicitations, signé Capitaine Chester...
N'est-ce pas que c'est bizarre?...

QUOI?
BROL

F PARIS FLASH

EXCLUSIF

BIANCA CASTAFIORE
LE ROSSIGNOL
MILANAIS

VA ÉPOUSER
UN VIEUX LOUP
DE MER

C'est à Ghand, joyau des Ardennes belges, célèbre dans le monde entier pour ses champs de tulipes, que Bianca Castafiore a rencontré son futur mari, l'amiral en retraite Hadok. Nos reporters sont allés à Moulinserre et en ont rapporté pour vous ces images de bonheur.

UN JOUR A GHAND PARMI LES FLEURS...

Le perroquet qu'elle lui a offert est devenu le confident de ses pensées.

...Mélomane averti, il ne se lasse pas d'entendre la voix d'or chanter pour lui seul son grand succès: l'Air des Bijoux, de "Faust"...!!??!!!

Mille millions de mille sabords! si je tenais le bougre d'extrait d'hydro-carbure qui a pondu ces calembredaines!!...

Allô-ô-ô-ô, j'écou-oute...
Allô-ô-ô-ô, j'écou-oute...

CROA
BROL

parution de l'article, tout était changé, interverti: 25 m était devenu 2 m 50, 3 m 50 était devenu 35 m!... J'ai donc joué à placer dans mon histoire un tas de déconnexions du même style et je me suis beaucoup amusé en le faisant.

— *Tintin au Tibet* était construit autour d'une idée bien linéaire. Ici, ce n'est pas le cas: les «démons» liquidés, tout se déchaîne et quelques-uns de vos fantasmes suivent leur chemin en liberté. Comment avez-vous conçu cet épisode?

— L'histoire a mûri de la même façon que les autres mais a évolué différemment, parce que j'ai pris un malin plaisir à dérouter le lecteur, à le tenir en haleine tout en me privant de la panoplie traditionnelle de la bande dessinée: pas de «mauvais», pas de véritable suspense, pas d'aventure au sens propre... Une vague intrigue policière dont la clé est fournie par une pie. N'importe quoi d'autre, d'ailleurs, aurait fait l'affaire: ça n'avait pas d'importance! Je voulais m'amuser en compagnie du lecteur pendant soixante-deux semaines, l'aiguiller sur de fausses pistes, susciter son intérêt pour des choses qui n'en valaient pas la peine, du moins aux yeux d'un amateur d'aventures palpitantes.

— Dans cette histoire, il y a les interventions de quatre oiseaux importants: le «rossignol milanais», le perroquet, la chouette et la pie...

— C'est exact. Mais si ce n'est pas un hasard, seul un psychiatre pourrait peut-être donner à cela une explication: moi, je n'en ai aucune à vous donner!

— *Les bijoux* est malheureusement un épisode très méconnu.

— Et cependant j'ai éprouvé beaucoup de plaisir à le faire.

— C'est là que Lampion, maître casse-pieds, trouve enfin plus fort que lui!

— Oui, c'est la Castafiore qui lui cloue le bec. Paf! Exit et ténèbres extérieures! Pauvre Lampion!... Et cette femme, tellement étourdie d'habitude, s'excuse d'avoir été distraite la seule fois où elle ne l'a pas été, dans l'épisode du magnétophone d'Igor Wagner[1]!

---

1. Pages 51 et 52.

NOMS DONNÉS AU CAPITAINE HADDOCK PAR LA CASTAFIORE

L'affaire Tournesol: Paddock (mais le Capitaine avait commencé en se présentant: Hoddack et Haddada)*(p. 53)*.

Coke en stock: Bardock; Karbock; Harrock ('n roll, répond le Capitaine, Harrock'n roll)*(p. 40)*.

Les bijoux de la Castafiore: Bartock *(p. 6)*, Kappock *(p. 8)*, Koddack *(p. 9)*, Mastock, Kosack *(p. 10)*, Hammock *(p. 21)*, Kolback, Karbock *(p. 22)*, Karnack *(p. 23)*, Hoclock *(p. 24)*, Kornack *(p. 28)*, Balzack *(p. 32)*, Hablock *(p. 34)*, Maggock *(p. 55)*, Medock, Kapstock *(p. 56)*.

Tintin et les Picaros: Karbock *(p. 61)*.

Tintin et l'Alph-Art: Shadock, Paddock, Cdt Kapstock, Krapock, Karbock, Addock, Karlock, Marinier Kapstock (sans oublier Martine qui ajoute son grain de sel: Kodack).

Sadoul — Le château de Moulinsart n'a-t-il pas influencé la psychologie de vos personnages?

Hergé — Il est vrai que Moulinsart est leur point de départ et de chute, mais je ne l'ai pas fait délibérément. D'autre part, *Les bijoux* se passe au château: sans doute est-ce une projection inconsciente de mon aspiration au repos?...

— Ne vous êtes-vous pas d'ailleurs dessiné vous-même sur la couverture de l'album?

— Oui, à travers Tintin, c'est moi qui m'adresse au lecteur et qui lui dis: «Vous allez voir la comédie... Chut! Et maintenant, place au théâtre!»... Mais c'est aussi ma caricature, ce brave Haddock pestant contre le marbrier et l'accueillant ensuite sans rancune: «Comme c'est gentil à vous d'être venu!»[1]

— Voici enfin *Vol 714 pour Sydney*.

---

1. Page 62.

QUATRE

— Là, j'ai voulu changer, revenir à l'Aventure avec un grand A... sans y revenir vraiment. J'ai voulu démystifier l'aventure, en quelque sorte, à travers les «mauvais» qui ne sont pas si mauvais que ça, et les «bons» qui ne sont pas si bons... Il y a cependant beaucoup de tricheries et de trahisons, dans cette histoire: le combat naval truqué de Carreidas, la conduite du distingué Spalding, etc.

—Rastapopoulos est magnifique, en cow-boy de grand luxe!

— J'aime beaucoup son chapeau. J'en ai acheté un semblable aux États-Unis, à Rapid-City, une petite ville du South Dakota. C'est un magnifique «Stetson», dur comme du bois, absolument indéformable.

— Vous le portez quelquefois?

— De temps en temps, chez moi, pour avoir le plaisir de m'admirer dans un miroir! Quel narcissisme!...

— Dans cette histoire, il y a des nasiques, d'où l'excellent gag du nez de Rastapopoulos[1], et il y a aussi des nazis, tout comme dans *Coke en stock,* semble-t-il?

— Le Dr Krollspell a probablement «travaillé» dans un camp nazi. Et dans *Coke en stock,* la présence d'anciens hitlériens n'est que sous-entendue.

— On trouve aussi, dans *Vol 714,* des minorités exploitées. C'est étonnant que l'on ne vous ait pas encore accusé de louches intentions au sujet de ces Sondonésiens victimes de méchants Blancs... Mais je suppose que ce mystère «à la Charroux» a dû dérouter certains de vos lecteurs?

— J'aime bien dérouter. Ezdanitoff lui aussi est déroutant... Jacques Bergier a été ravi de se voir ainsi croqué dans le rôle de «l'Initié»: il figure maintenant dans une bande dessinée! L'étonnant Bergier...

— Ici encore, il y a des rêves, traités en teintes admirables[2]. Toute cette fin nocturne est très belle. Et la conclusion, par l'intermédiaire de la télévision, est extrêmement réussie.

1. Page 42.
2. Page 58.

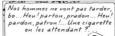

— Je n'aurais peut-être pas dû montrer la soucoupe de façon si précise... Mais le moyen de faire autrement?

— Dans cet épisode, on ne voit pas du tout Moulinsart. Est-ce consciemment que vous faites de chaque histoire une sorte de contraire de la précédente?

— Ce n'est pas aussi systématique que cela. Mais il est vrai que je n'aime pas refaire les mêmes choses, remettre mes pas dans mes pas. Chaque histoire doit être une aventure nouvelle, surtout pour moi!... Je ne pense pas du tout à mes lecteurs, en ces moments-là. Je mesure la chance que j'ai de pouvoir faire ainsi exactement ce que je veux faire, sans avoir à tenir compte de l'avis des autres. C'est peut-être une forme d'égoïsme, mais c'est une force.

— Malgré tout, vous tenez compte des avis, après coup, lorsque par exemple vous corrigez les erreurs que l'on vous signale.

— Bien entendu, et je trouve tout à fait normal de corriger une erreur... lorsque c'est possible! Mais quant à la façon de conduire mon histoire, je reste mon seul maître. Le jour où j'ai annoncé au journal *Tintin* que le titre de mon prochain épisode serait *On a marché sur la Lune,* on m'a demandé si je n'étais pas un peu fou: «Ce n'est pas un titre, ça!» — «C'est un titre! Pourquoi pas?» — «Non, écoutez, franchement, ce n'est pas sérieux! On a marché sur la Lune!»... Après ça, il y a eu *Pas de salami pour Célimène:* ce n'était pas un titre non plus peut-être?

— Il y a quelque temps que le nom «Tintin» ne figure plus dans vos titres d'albums. Or, vous le réintroduisez dans *Les Picaros:* y a-t-il une raison particulière?

— C'était d'abord une prière pressante de mes éditeurs qui craignaient un peu du temps «l'irréparable outrage». J'estimais alors que ce n'était plus nécessaire, puisqu'on connaissait bien mon personnage. Et puis j'ai réfléchi. Je vous l'ai dit, je n'aime rien de ce qui est systématique. J'ai commencé par des titres où figurait chaque fois le nom de Tintin: *Tintin au pays des Soviets, Tintin au Congo, Tintin en Amérique.* Puis je me suis tourné vers des titres qui faisaient plus roman, à la fois plus sonores et plus évocateurs.

Et, si cette fois, j'ai préféré de nouveau faire figurer le nom de Tintin, c'est à la fois pour changer et aussi, je l'avoue, parce que l'histoire n'est pas terminée et que, quelle que soit la manière dont elle évoluera, ce titre là y sera adapté... Voilà. Je crois que tout est dit, et que nous avons fait le tour de la question.

— Pour le moment, du moins... Mais tout est loin d'être dit! Fort heureusement, d'ailleurs... Alors, si vous le voulez bien, rendez-vous dans une décennie?

— D'accord!

CINQ

Il n'aura point fallu attendre dix ans pour qu'Hergé se signale à nouveau à notre attention. En 1976 paraissait un Tintin et les Picaros *qui ramenait sur notre auteur les feux de l'attention populaire. Grands remous dans la presse, spécialisée ou non: la plupart des critiques n'apprécièrent pas. Mais le public, lui, fit un triomphe.... A mon avis, non seulement, c'est du tout bon «Tintin», mais j'irai même jusqu'à dire que c'est presque du niveau des* Bijoux de la Castafiore *(un épisode qui reste le plus élaboré, le plus génial ouvrage d'Hergé).*

Fable pessimiste sur les actions humaines, parabole lucide autour du pouvoir, dérision sans complaisance, constat moins réaque que ne le susurrent comme une seule voix les professionnels de l'anti-hergéisme et ceux d'un snobisme culturel bien-chaud-bien-parisien, ces Picaros *témoignent de la belle maîtrise d'un style, d'un dessin, d'un langage. On n'en finirait pas de détailler les images admirables — pages 11 et 62, en parallèle, pages 20, 60, etc. — ou de recenser les situations délirantes: pages 8, 20, 31 (l'autocritique de Haddock: fabuleux!), pages 41, 47-48, 51, 54 et toutes les planches du Carnaval (extra! Entre Bunuel et Hitchcock!), etc. Pour une fois, faisons comme la masse de gens qui ont acheté le bouquin; laissons de côté les lieux-communs d'une critique panurgienne et l'attirail du parfait petit militant de salon, pour jouir sans marchandage d'un plaisir bien ineffable. C'est du moins mon opinion, et je la partage! J'ai retrouvé Hergé pour le faire parler de son ultime enfant.*

191

Sadoul — *Tintin et les Picaros* vient huit années après *Vol 714:* c'est long! Y pensiez-vous déjà il y a huit ans ou l'idée vous en est-elle venue longtemps après?

Hergé — Pas longtemps après mais l'idée a mis un bon moment à prendre forme; c'est comme une graine, un petit ferment qui prend son temps pour se développer. J'avais un cadre: l'Amérique du Sud. Il y avait eu l'affaire Régis Debray, les Tupamaros, quelques événements qui se concentraient vers cette vague idée, ou plutôt, ce cadre. Mais rien ne prit forme avant longtemps: il fallait que vienne un déclic, une bonne raison de partir en Amérique du Sud. Alors, envoyer Tintin sauver un ami? Pourquoi pas? Sinon, je ne vois pas pourquoi il aurait fait ce voyage.

— Tintin est un affreux Jojo, il aime se mêler de ce qui ne le regarde pas...

— Je ne suis pas de votre avis car, vous le remarquerez, c'est en général l'aventure qui vient le prendre à domicile. On le force pratiquement à se mêler de ce qui ne le regarde pas. Dans cette histoire d'ailleurs, Tintin ne demande qu'à rester chez lui...

— A quel moment avez-vous réellement commencé cette histoire?

— En 1973. J'ai donc mis trois ans à réaliser cet épisode, en prenant tout mon temps, il est vrai. Auparavant, il y avait eu le «remake» de *L'île noire* et des films auxquels j'ai tout de même dû collaborer... Je n'ai pas chômé, vous savez, pendant les cinq années qui ont suivi *Vol 714!*

— Durant les deux années qui ont précédé la parution des *Picaros,* nous avons subi ce pseudo-suspense, savamment entretenu, qui consistait à annoncer tous les six mois l'imminence de la publication...

— C'était à mon insu, croyez-le bien! ce n'est pas moi qui ai entretenu le suspense; ces annonces répétées paraissaient malgré moi, je n'étais même pas consulté, et je passais mon temps à rouspéter. En vain, comme vous avez pu le constater...

— C'était plutôt agaçant, il faut le dire. Cela fit quasiment de votre bande un mythe, un canular: on finissait par ne plus croire à son existence!

— Et pourtant, le mythe a fini par exister: l'album est là! Aussi, c'est toujours une aventure pour les auteurs, vous savez; une histoire comme celle-là m'a vraiment entraîné dans des terrains mouvants, pleins d'imprévus. Il y a par exemple cette anecdote, maintenant connue: j'en étais arrivé à je ne sais plus quelle page quand un de mes collaborateurs m'a demandé: «Dites donc, votre Carnaval, il se situe à quelle époque?» — «Mais comme tous les carnavals, ai-je répondu. Vers février, je suppose.» — «Et alors, a-t-il répliqué, votre première case?» Cette case représentait un beau ciel bleu de printemps, avec des moissons, des fleurs... Il a fallu refaire, non seulement cette première case de la planche un, mais aussi les deux suivantes, et situer le tout en hiver! Nous avons également rajouté un blouson sur la chemisette de Tintin. On a beau être un héros, on peut prendre froid au mois de février!...

— A propos du costume de Tintin, on remarque sur son casque de motard, le sigle de la paix...

— C'est normal: Tintin est un pacifique, il a toujours été contre la guerre!

— Bon, il s'est mis au goût du jour: il arbore le sigle rendu célèbre par les hippies, il fait du yoga, porte des jeans... tout ça est très bien. Mais j'ai lu une critique qui l'accusait pratiquement d'être un «minet» pétaradant sur une moto. Or, en fait de moto...

— Oui, c'est un simple vélomoteur; on est loin de ces merveilleuses et rutilantes Kawasaki, Suzuki et autres...

— Dans les *Picaros*, il y a certes un aspect «aventure» qui fait bien sûr songer à *Vol 714,* mais dans l'ensemble, à mon avis, c'est un épisode qui, par ses ambiguïtés, son rythme et son côté «anti-aventure» s'apparente davantage aux *Bijoux de la Castafiore.*

— C'est curieux, ce que vous dites, et cela rejoint mon sentiment. A la suite des nombreuses critiques que l'on m'a faites, je viens de me rendre compte d'un fait troublant: Tintin n'est plus le maître

Première case de la version «hors saison».

des événements, il ne les dirige plus mais les subit. Et ça, je pense, c'est sûrement le reflet de ma philosophie actuelle: on a peu d'emprise sur l'existence, on croit en avoir mais c'est une illusion! Et le Tintin d'aujourd'hui semble illustrer cette réflexion.

— Mais Tintin a-t-il jamais été le maître de son destin? On peut tenter de se poser la question.

— Tout de même, dans les premiers albums, il était davantage un «agissant»; il maîtrisait le jeu, décidant d'aller là ou de faire ceci. Alors que, dans les *Picaros,* tout est subi, tout est le fait de hasards ou de manipulations extérieures.

— Oui, c'est flagrant: ni Tintin, ni les autres personnages ne prennent vraiment de décisions. Et s'ils le font, c'est le contraire qui se passe... Nous sommes dans la machine infernale!

— C'est exactement une machinerie qui est en mouvement, et Tintin est pris dedans. Il essaie bien d'intervenir sur les rouages mais lorsqu'il y parvient, c'est seulement par l'intermédiaire de Tournesol.

— Donc, il s'agit bien d'une «anti-aventure»?

— Presque. Il y a une histoire, il y a des gags, ça bouge; par là même, ça ne s'adresse pas uniquement aux amateurs des *Bijoux.* Seulement, ça bouge moins qu'avant et le mouvement vient assez tard. Ce n'était du reste pas un accident, je voulais que l'épisode commence lentement, que les choses évoluent en douceur et que tout soit mis en place au tiers de l'album avant que l'action ne démarre réellement. Il fallait que tout s'organise avec précision, car il y beaucoup de choses, là-dedans, mine de rien: il y a l'aspect aventure, l'aspect Tournesol, il y a un aspect politique en arrière-plan, les guerilleros et Régis Debray, etc.

— Entre autres (abondantes) critiques, on vous a reproché d'en revenir à vos «tics» — Haddock et ses jurons, Tournesol et sa surdité —, comme si c'était rédhibitoire de continuer à développer un univers aussi construit. Or, pour ma part, c'est le contraire qui est frappant: tout est changé, tout à l'air de se perpétuer alors qu'en fait, tout est en décalage, en porte-à-faux...

— Oui, c'est le même monde, mais transformé, voire un peu déformé.

— On voit vivre des personnages que l'on connaissait par ouï-dire seulement — Tapioca —; on en voit d'autres, comparses familiers, qui se mettent à jouer un grand rôle — Alcazar —; quant aux acteurs principaux, leur rôle est plutôt effacé...

— Et inversé: Haddock ne voulait pas partir mais il s'en va, Tintin reste alors que d'habitude, c'est lui qui décide de partir... Les choses s'ingénient à nous apparaître décalées ou même un peu déplacées.

— Tout comme dans *Les bijoux,* et même davantage, les héros deviennent parodiques d'eux-mêmes, presque des caricatures: le Capitaine ne peut plus boire, malgré qu'il en ait envie, Tintin est dépassé par les événements, le redoutable dictateur tremble devant sa bonne-femme, Tournesol joue les idiots pour se révéler un «héros» véritable, Nestor s'avère moins stylé, moins «propre» qu'on le supposait, et ainsi de suite... Un détail m'a frappé: dans cette histoire, Tintin a presque toujours l'air étonné, la considérant avec des yeux constamment interrogateurs, comme s'il se rendait compte qu'il en était exclu, qu'il en était spectateur.

— C'est peut-être vrai en partie. Mais en partie seulement. Car Tintin joue quand même son rôle d'ami secourable avec une profonde conviction. Comme dans *Tintin au Tibet,* il participe ici à une histoire d'amitié; et s'il fait réussir la révolution d'Alcazar, ce n'est pas pour la révolution en elle-même, mais uniquement pour sauver ses amis.

— Croyez-vous qu'il n'y ait pas chez lui une conviction révolutionnaire consciente? Après tout, il a de la sympathie pour Alcazar...

— Disons une certaine sympathie: il le connaît depuis si longtemps!

— Oui, mais dans le fond, est-ce qu'il ne croit pas au bien-fondé de cette révolution?

— Le dernier dessin est là pour le démentir...

— C'est un démenti pour nous; Tintin n'a probablement pas connaissance de ce dessin... Étant un peu naïf, il est peut-être plus ou moins convaincu de la pureté des intentions d'Alcazar.

— Je ne suis pas du tout certain de la naïveté de Tintin.

— Pourtant, c'est la rançon de son côté boy-scout... Vous ne m'enlèverez pas ça de l'esprit! Quant au Capitaine, il est encore plus naïf que Tintin.

— Haddock a toujours été un gros naïf, je suis d'accord avec vous. Mais Tintin... Voyez, il remarque tout de suite qu'il y a des micros cachés dans les coins, il comprend immédiatement la situation: ce n'est pas un signe de naïveté, ça! Haddock, lui, est un homme d'humeurs, bonnes ou mauvaises. C'est d'ailleurs une partie de son charme...

— Donc, bien des personnages naguère secondaires se mettent à jouer un rôle de premier plan: Castafiore, Alcazar, Tournesol, auquel ce n'était plus arrivé depuis l'affaire qui porte son nom (c'est du reste de lui que tout dépend), même Lampion et ses «Joyeux Turlurons»...

— Soit dit en passant, si les «Joyeux Turlurons» n'existent pas, la Belgique regorge de groupes folkloriques et carnavalesques de ce genre, et j'ai fait une sorte de synthèse de plusieurs d'entre eux: les «Gais Lurons», le «Conservatoire Africain» et les «Blancs Moussis».

— Pourquoi la Castafiore se met-elle à chanter comme une folle, pendant son procès?

— Mais parce qu'elle rit vraiment! Elle dit: «Ah! je ris. Ah! oui, je ris!» et ainsi de suite jusqu'à ce qu'elle soit prise dans le feu de l'action et que son naturel revienne au galop... Elle se montre ici plus castafioresque que jamais!

— Une nouveauté: l'apparition de Peggy, la femme d'Alcazar... Au fait, est-ce son épouse légitime?

— On peut le supposer. De toute manière, moi aussi j'ignorais qu'il fût marié, avant qu'il nous présente sa «colombe». C'est en grande partie pour elle qu'Alcazar fait la révolution; on ignore dans quelle mesure Peggy n'a pas exigé ce palais qu'il lui a promis.

— C'est une des créatures les plus effroyables que vous ayez jamais imaginées!

— Mais elle existe! Je l'ai vue à la télé, cette femme: c'est une Américaine qui est quelque chose dans le Ku Klux Klan, détail qui ajoute encore à l'horreur du personnage! Cela n'est évidemment pas dit dans l'histoire, mais enfin, on sent bien que ce dictateur est «dictatorifié» jusqu'à la garde!

— Peggy séduit pourtant Tournesol.

— Oh! lui, du moment que c'est une femme... La Castafiore ou Mme Alcazar, pour Tournesol, c'est sûrement l'éternel féminin incarné.

— On vous a reproché, en particulier pour la couverture, de jouer sur un rappel du *Temple du Soleil*.

— Je n'ai pas songé à cela. Mais c'est vrai que le dessin de la couverture rappelle celle d'un «Jo et Zette»: *L'éruption du Karamako*.

— A propos de la couverture, je remarque la forme ovale de la bulle-titre, alors que l'on est habituellement, chez vous, dans le rectangulaire le plus géométrique. D'autre part, cette bulle cache totalement le bandeau «Les aventures de Tintin», ce qui est aussi une innovation. Y a-t-il des raisons particulières à cela?

— C'est un pur hasard, il n'y a aucune intention cachée là-dedans!

— Mais il y en a certainement dans le délire qui s'installe à partir du Carnaval, où votre histoire atteint alors au surréaliste: on bascule dans un climat onirique où tout semble échapper à la logique apparente. A cet égard, la scène de la libération des prisonniers à travers cet immense roi de pacotille confine au sublime. Il manque ici une bande sonore qui rendrait complètement l'extrême folie de la situation.

— J'aurais d'ailleurs aimé faire une toute grande image pour cela, mais l'économie même de l'histoire me l'a interdit.

— Aviez-vous conscience de cette folie qui sous-tend un jeu de masques dont la portée symbolique, comme au théâtre, va très loin?

— C'était ce que je voulais: ajouter un élément d'inquiétude. Car ils sont inquiétants, les masques des «Turlurons», n'est-ce pas?

— Le roi aussi est inquiétant, toutes les grosses têtes le sont, dans leur fixité faussement joviale. Est-ce que ces notions de «masques» et de «Carnaval» (donc: travestissement et folie) ont un rapport secret avec la situation du livre, la dictature et la révolution?

— S'il y a un rapport, il n'est pas conscient: je n'ai rien voulu signifier à ce niveau. Mais maintenant que vous me le dites!...

— Si l'on regarde la première scène du Carnaval en détail (p. 54), on remarquera une foule de petites choses: des Mickey, des Astérix, Snoopy, Groucho Marx... J'ai vainement cherché une grosse tête de Tintin ou de Haddock!

— Il y a aussi un petit clin d'œil aux «Coconuts», un groupe de musiciens de Bob De Moor pour l'un de ses «Barelli».

— Sans oublier cette «rue du 22 mai» (p. 54), très discret private-joke à l'intention de ceux qui connaissent votre date de naissance... Tapioca est soutenu par la Bordurie, Alcazar par l'International Banana Company: la politique se mêle donc toujours aux magouilles des groupes financiers?

— Tout le monde sait que cela se passe ainsi dans la réalité; les imbroglios politiques mondiaux dépendent en grande partie des puissances qui les financent. Ici, il y a même Loch Lomond qui se manifeste et fait des dons!

— Dans les *Picaros,* j'aime particulièrement deux moments.

Le premier: l'autocritique de Haddock - critique de Tintin, suite au choc d'une bouteille sur la tête (p. 31). Le deuxième: l'ahurissement des deux dictateurs en présence de cet «idéaliste» de Tintin qui ne joue pas le jeu (p. 57). Deux très grands moments! En revanche, je goûte moins le gag sur la sœur de Tournesol (p. 42), qui n'est pas digne de vous.

— C'est loin d'être génial, je le reconnais, mais c'est dans la logique du personnage, non?

— A ce niveau, la distraction devient du gâtisme; Tournesol n'est pas ridiculisable de ce côté-là!

— Pourquoi pas? Pourquoi ne serait-ce pas vraisemblable? Non, je ne désavoue pas cela; ce n'est pas incompatible avec la grande finesse du personnage.

— Petit détail: à la page 60, les Dupondt sont intervertis. Est-ce une erreur ou vous êtes-vous amusé à vous tromper pour titiller la sagacité de vos lecteurs?

— Que me dites-vous là? Une erreur? Vérifions... Eh bien, oui, je me suis fourré le doigt dans l'œil! Involontairement, je le jure!

— Vous êtes tout pardonné... Comment et à quel degré vous êtes-vous documenté pour cette histoire?

— Tapiocapolis évoque un peu Brasilia, bien sûr, et pour son Carnaval, j'ai pris de la documentation concernant celui de Nice. Vous devez bien connaître ça, vous, non? Évidemment, le Carnaval de Rio nous a un petit peu servi, mais c'est Nice surtout qui nous a servi de modèle; en particulier, la grosse tête du Roi vient de là, du moins dans son principe. Pour les sculptures, j'ai pensé à Marcel Arnould, un artiste belge. Les peintures viennent de Serge Poliakoff. Quant aux intérieurs «modernes», je les ai trouvés dans le catalogue de Roche-Bobois et dans la revue *Maisons françaises*...

— Des critiques vous ont reproché de faire intervenir un tas de vieux personnages qu'ils croyaient oubliés, ce qui me paraît en contradiction avec le propos de ceux — les mêmes? — qui vous ont naguère comparé à Balzac... Et justement, pour moi, ces *Picaros* sonnent comme une parade finale, de même qu'à la fin de *Huit et demi*, Fellini exorcise ses démons en les faisant tous défiler devant nous. Cet étalage de toutes vos créatures ressemble à un adieu, l'adieu à un monde. Est-ce qu'il s'agit de la dernière histoire de Tintin?

— Je ne pense pas. D'abord, on ne les voit pas tous, il en manque beaucoup, en tout cas trop pour que votre hypothèse puisse tenir. Ensuite, je songe déjà au prochain «Tintin».

— Vous avez des idées?

— J'ai une idée, pas plus, ou plutôt, une fois encore, j'ai un lieu, un décor: j'aimerais bien que tout se passe dans un aéroport, du début à la fin. L'aéroport est un centre riche de possibilités humaines, un point de convergence de diverses nationalités; le monde entier se retrouve, en réduction, dans un aéroport! Là, tout peut arriver, des tragédies, des gags, de l'exotisme, de l'aventure... J'ai donc un lieu, il me reste à trouver une histoire, un thème de départ, une trame. Mais quoi? Prise d'otages? Détournement? J'ignore encore. J'aimerais aussi prendre, comme toile de fond, les milieux de la peinture.

— Vous n'envisagez donc pas d'en rester là? Vous voulez vraiment continuer?

— C'est le Petit Bon Dieu qui décidera, n'est-ce pas? Moi, j'ai encore envie de continuer. Et même les critiques que j'ai lues sur le compte des *Picaros* ne me donnent pas du tout celle d'arrêter!...

— Vous serez handicapé par un fâcheux précédent: huit années d'attente pour un épisode... Qu'en sera-t-il, cette fois-ci?

— Cette fois-ci, cela ne durera peut-être pas huit ans... mais peut-être vingt-quatre!

— Je ne plaisante pas. Si vous décidez de faire un nouvel épisode, vous prenez une sérieuse responsabilité. Nous ne vous laisserons pas nous faire attendre huit ans, maintenant!

— Eh bien, je ferai de mon mieux pour échapper au lynchage!

COMPLÉMENTS

EXTRAITS DE
LA CORRESPONDANCE
HERGÉ/SADOUL

Ma première lettre à Hergé, le 9 mars 1971, posait des questions pour mon mémoire de maîtrise à l'université de Nice, partiellement consacré à «Tintin». La première lettre que je reçus d'Hergé, datée du 16 mars, fut la réponse suivante:

Cher Monsieur,

Les Editions Casterman m'ont transmis votre lettre du 9 mars, dont j'ai apprécié la courtoisie, la gentillesse et, aussi, la clarté.

Vos questions n'appellent pas de longs développements. A vous, si vous le voulez, d'étoffer mes réponses. Pour ma part, il me faudra peu de mots pour préciser que:

1) Dans *mon* esprit, Haddock n'est *pas* la véritable vedette des aventures de Tintin: c'est — malgré tout, et quoi qu'on puisse en penser Tintin lui-même. Oui, Tintin a le côté plus schématique du héros, mais il est, pour moi, LE héros.

2) L'ambiguïté d'Alcazar est celle, tout simplement, de l'*homme politique*. Il est l'ami ou l'ennemi de Tintin suivant que Tintin sert sa cause ou est un obstacle à celle-ci. La raison d'Etat, ou, plus vulgairement, l'ambition personnelle, voilà ce qui dicte le comportement du Général (Alcazar, bien sûr!) et je ne crois pas qu'on le verra sous un jour plus net dans les «Bigotudos».

Vous voyez, cher ami, que des questions comme ces deux-là ne m'entraînent à vous consacrer qu'un temps tout à fait limité; aussi bien, si vous en avez d'autres du même genre, je suis

votre cordialement dévoué,

Hergé.

Par la suite, nous commençâmes à correspondre régulièrement. Puis nous nous rencontrâmes au Festival du Livre de Nice, en mai 1971, où je réalisai ma toute première interview d'Hergé (celle qui figure aux pages précédentes). Voici un exemple de lettre reçue à ce sujet, datée du 16 juin:

Cher ami,

J'espère ne pas arriver trop tard avec ma réponse à votre lettre du 30 mai, reçue le 4 juin (où vous évoquez avec une chaleur qui m'a fait plaisir notre rencontre à Nice).

Tout d'abord, merci pour les synopsis et découpage que vous m'aviez remis là-bas. En m'envoyant un exemplaire de votre ouvrage, ce serait le moyen de vous dépouiller au minimum.

Ensuite, les remarques que vous me demandiez.

1) Quant aux «Picaros», je ne les vois pas, personnellement, comme une aventure parallèle au *Sceptre*.

2) Je vous ai dit que j'étais allé aux U.S.A. pour des motifs privés C'est exact. Mais, si possible, ne répétez pas ce propos.

3) Rastapopoulos et Allan «reviendront». Si j'ai été aussi affirmatif sur ce point, j'ai eu tort. J'aurais dû dire qu'ils reviendront «peut-être».

4) L'abbé qui dirigeait le quotidien catholique bruxellois *Le XXe Siècle* se nommait Norbert Wallez.

Je ne vois rien d'autre à relever dans vos deux textes (sinon des évènements pour événements), et me hâte de vous faire parvenir ceci, avec le souhait que les délais ne soient pas dépassés.

Avec mon fidèle et cordial souvenir,
Hergé.

Peu de temps après, nous avons procédé à l'enregistrement de nos fameux «Entretiens». Alors s'ensuivit une abondante correspondance, en vue de la préparation du texte et de l'élucidation de questions diverse en suspens. Un exemple, entre tant d'autres (lettre datée du 7. 12.71):

Mon cher ami,

Veuillez me pardonner de répondre si tard à votre lettre, que je n'ai trouvée que mercredi dernier, au retour d'un petit voyage en Italie: Venise et Vérone...

Depuis, bousculé par des rendez-vous, par de méchants journalistes (!), par des cinéastes, etc., etc., je n'ai pas trouvé le temps matériel de vous répondre.

Voici enfin, corrigée, la liste de tous les noms dont vous ne pouvez évidemment pas connaître l'orthographe. Moi-même je n'ai jamais su comment s'écrivaient «les pics» de ces damnés pêcheurs du Lac Léman, ni comment s'épelait «Zutch»: peut être bien Szurzckzt, qui sait?

Quant à la nouvelle — réellement prématurée — de ma mort, je n'ai pas la moindre idée de ce qui peut lui donner naissance. Peut-être certains lecteurs ont-ils l'impression de me connaître depuis si longtemps qu'il leur paraît impensable que je sois encore en vie...

En ce qui concerne la question de savoir où envoyer le texte de nos entretiens, je crois préférable, à la réflexion, de les adresser directement aux Studios.

Nous risquerions, autrement, d'entrer dans une phase d'inextricables cachotteries et complications. Je vous suis néanmoins extrêmement reconnaissant d'avoir songé à cet aspect du problème et de m'en avoir parlé. Cette délicatesse vous honore, Môsieur! Et j'y ai été très sensible, croyez-le bien. Cependant, si dans l'un ou l'autre de ces jugements portés sur mes collaborateurs, certains termes vous paraissaient par trop choquants ou par trop violents (ce que je ne crois pas) oserais-je vous prier de leur substituer un mot plus bénin? D'avance, merci.

Voilà, je n'ajoute plus rien à ce petit mot. Désireux que je suis de pas encore augmenter mon retard à vous répondre.

Bon travail! Et à très bientôt, j'espère.

De nous deux pour vous — notre très amical souvenir,

Hergé.

Sachant qu'il arrivait parfois à Hergé de recevoir des lettres expédiées sans mention d'adresse, j'ai décidé de tenter moi-même l'expérience: le 15 mars 1972, j'ai adressé le plan de nos «Entretiens» sous enveloppe portant simplement: «Monsieur Tintin (et Milou), Bruxelles, Belgique»... Voici la réponse qui me parvint le 23 mars:

Cher ami,

Votre pli expédié le 15 mars à l'adresse de «Monsieur Tintin (et Milou), Bruxelles, Belgique» est arrivé en droite ligne.

En droite ligne au Journal Tintin - Editions du Lombard... Là, les services compétents se sont penchés sur une lettre commençant par «Cher Grand Ami» et n'auront pas trop tardé — j'imagine — à comprendre que ce «Cher Grand Ami» n'était pas Tintin, mais Hergé... Après quoi, le pli m'a été transmis.

Bref, expérience numasadoulienne couronnée d'un triomphe partiel!

Quant au «plan probable» que vous proposez pour l'ouvrage-que-je-sais, il me paraît, en effet, clair et suffisamment structuré. Le titre? Il sera fatalement axé autour du nom «Hergé», mais «par lui-même» ne m'enchanterait guère: on a le temps d'y penser...

Plainte est déposée contre les pirates hollandais de Tintin au pays des Soviets.

Je dépose plainte également contre les microbes qui infligent à un ami cher une méchante grippe avec complications. Qu'ils soient tous pendus!

> Bien fidèlement à vous,
> Hergé.

La plainte ayant été entendue, la justice céleste à fait exécuter les microbes sans appel... Une fois prête la transcription intégrale des «Entretiens», je reçus une lettre datée du 7 juillet 1972 et qui laissait déjà entrevoir ce souci perfectionniste de l'auteur, duquel j'allais hériter quelques années de soucis:

Cher ami,

Je vous envoie ci-joint les textes de «La vieille dame et le taxi» et de «Edgard P. Jacobs et le gourdin».

La semaine prochaine, vous recevrez «Comment je suis venu à la B.D.» ainsi qu'une «Biographie».

«Enfin!...», direz-vous. «Mais après cela?», dirai-je, moi. Car votre lettre du 7 décembre 1971 m'annonçait le texte de «l'intégralité de nos entretiens», dont les extraits parus dans *Schtroumpf* ne constituaient, d'après vous, que le dixième.

Il a toujours été bien entendu et il reste bien entendu que je pourrais lire le contenu entier de votre futur livre; et que, lorsque c'est moi qui parle, j'aurais la faculté de revoir le texte aussi attentivement que je l'ai fait pour les morceaux choisis déjà publiés.

Ceci pour vous dire que — suivant la formule consacrée — je reste à votre disposition.

En attendant, vous serez donc en possession, très prochainement, des quatre textes qui sont — je suppose — en dehors des «entretiens» proprement dits.

Bien amicalement,
Hergé.

L'année suivante, j'attends toujours la énième correction entreprise par Hergé. Et j'ai tendance à m'en plaindre. Aussi m'écrit-il, le 13 janvier 1973:

Cher ami,

C'est *provisoirement* le sort de vos lettres, de me valoir en même temps du plaisir et du regret... Ainsi de celle datée du 30 décembre 1972, à laquelle j'ai retardé pendant dix jours de répondre. C'était un message affectueux: à ce titre, il m'a fait chaud au cœur. Mais c'était aussi un «rappel», et celui-ci ne pouvait que me refroidir!

J'aspire comme vous à ce que finisse ce régime de douche écossaise. Sa fin viendra avec la mise au net du texte de l'entretien. Je ne puis vous dire quand vous recevrez cette mise au net. Mais je puis vous dire — et cela, c'est nouveau — qu'on a commencé à y travailler. Enfin les menues tâches quotidiennes semblent laisser un peu de temps pour s'occuper de choses éternelles...

En attendant, je vous retourne ci-joint les cinq «encarts» qui étaient à revoir, qui l'ont été, y compris la courte anecdote Jean Yanne (si «courte», en vérité, dans tous les sens du terme, que je vous suggérerais de la laisser carrément tomber: d'autant plus qu'elle est désobligeante pour Jean Yanne).

Quant au titre du livre et à la manière de présenter ce titre: d'accord.

Mais je retiens aussi de votre lettre qu'elle fait entrevoir votre prochaine venue à Bruxelles. Je me réjouis de ce projet, et m'en réjouirai encore davantage quand vous passerez de la parole aux actes!

Bien amicalement,
Hergé.

Entre-temps, un journal politique intitulé Le Point *(rien à voir avec l'hebdomadaire parisien) ayant insulté Hergé, je me suis senti obligé d'y répondre. D'où, la gentille marque de reconnaissance suivante, datée du 6 février 1973:*

Cher ami,

Si j'étais certain que votre venue serait aussi «prochaine» que vous l'annonciez fin décembre, peut-être attendrais-je cette occasion de vous remercier de vive voix. Mais février est là, et je ne vois que le soleil qui poudroie et l'herbe qui verdoie: presque le printemps!

Bien sûr que j'ai eu tout de suite sous les yeux la copie de votre «mise au Point». Son destinataire privilégié (B.v.d.B) n'avait aucune raison de me cacher cette preuve écrite — et fort bien écrite — de votre fidélité à toute épreuve, de l'esprit chevaleresque et baroudeur qui vous anime dès que la réputation de Tintin est en cause.

Il faut dire que le «bêtisier Tintin» ne cesse de prendre de l'ampleur: mes défenseurs bénévoles ne risquent pas d'être réduits au chômage.

Les remerciements que je vous devais, dans le cas particulier de *Point*, sont chose faite; les commentaires sur ce cas particulier sont chose restant à faire, et qui le sera quand je vous reverrai.

D'ici là, bien des amitiés,

Hergé.

Le temps passe. Je m'inquiète de l'avancement du travail.
O miracle! cette lettre du 26 juillet 1973 me laisse espérer une prochaine réception de texte, mais aussi ouvre la porte à de futures re-corrections:

Cher ami,

Bien reçu la lettre d'avant votre départ (18.7) et les cartes de Bayreuth. Merci au Voyageur d'avoir pensé aux Travailleurs!

Puisqu'un envoi de Bruxelles ne pouvait guère vous trouver à Cagnes avant le 7 août, j'ai préféré l'expédition du tout en une fois plutôt qu'en deux.

Car — sauf erreur ou omission — c'est le complément entier des «Entretiens», avec corrections, coupures et amplifications, qui accompagne ces lignes et que vous aurez en mains à votre retour.

A vous, maintenant, de vous amuser! Ce n'est pas le plaisir qui manque!

Remarque importante: il faudra certainement faire la *chasse aux redites*. Vous ne manquerez pas de la faire en cours de frappe. Mais, une fois celle-ci terminée, vous voudrez bien me fournir l'occasion — à moi «l'homme-qui-parle» — de me livrer à une toute dernière relecture.

Quant aux photos, j'en fais reproduire trois (le charmant bambin, les Remi Brothers et Tchang) et vous les adresse ensuite.

Mais j'espère et souhaite avoir eu, avant cela, un simple accusé de réception des pages que je «recommande» aujourd'hui aux Postes belge et française.

Votre cordialement dévoué,

Hergé.

Le temps continue de passer. Pas de texte publié. On est en 1975... Mais le manuscrit présumé «définitif» est enfin chez l'imprimeur! Entre-temps est paru mon livre sur Gotlib. Et puis j'ai des problèmes avec les Editions Casterman à propos du mot «pornographe» figurant dans le titre d'un de mes précédents ouvrages et qu'elles ne veulent pas laisser figurer dans la page-recension «du même auteur». J'ai envoyé le Gotlib à Hergé et je lui ai parlé de ce différend avec notre éditeur. Voici donc son opinion, en date du 22 mai 1975:

Cher ami,

Merci pour vos vœux d'anniversaire, reçus ce matin.

Merci également pour le bouquin que vous m'avez envoyé. Ce que j'en pense? Beaucoup de bien, réellement.

Quelques légères critiques, qui s'appliquent surtout à la présentation: œil du caractère un peu trop petit, à mon gré — «encadrés» pas assez encadrés. Mais dans l'ensemble, je le répète: très bien.

En ce qui concerne votre affaire, je comprends fort bien votre réaction. Permettez-moi, cependant, de vous prêcher la modération: n'accordez pas trop d'importance à cet incident qui, tout compte fait, ne mérite pas qu'on s'y attarde. Vous me direz: c'est une question de principe. Bien sûr, mais les principes, vous savez, ça peut mener loin! A Hiroshima, par exemple...

Amicalement,

Hergé.

Les «Entretiens» sont enfin parus. Mais du matériel s'était égaré en chemin de retour. Voici ce que m'annonce Hergé, le 5 septembre 1975, me confirmant du même coup nos prochaines retrouvailles à Genève, pour une émission télévisée nous concernant:

Cher ami,

On me dit, chez Casterman, que vous vous inquiétez encore de la documentation photographique qui avait mystérieusement disparu. Soyez tout à fait rassuré à ce sujet.

En effet, ces photos, je les ai retrouvées... dans la boîte même que vous m'aviez remise: elles se dissimulaient sous une espèce de grande feuille noire qui semblait être le fin fond de la boîte!...

A bientôt, je crois, le plaisir de vous revoir, au pays de Guillaume Tell...

Hergé.

P.S. : A cause de la publication prochaine de Tintin dans Tintin, je reçois ces jours-ci beaucoup de journalistes: tous ont sous le bras la nouvelle bible tintinesque de mon ami Sadoul...

Amicalement.

Notre télé suisse aux gaz lacrymogènes, j'en ai parlé à la page 12 du présent ouvrage. De retour à Bruxelles, le 3 octobre , Hergé me confirme qu'il en a réchappé, avec cet humour subtil qui le caractérisait parfaitement:

Cher ami,

Les documents cités dans votre lettre du 29 septembre ont été retrouvés et soigneusement mis de côté, à votre intention.

Cordialement,
Hergé.

P.S.: Oui, oui, bien rentrés. A pleins gaz (lacrymogènes).

Une autre télé, en France, cette fois. J'y étais seul, censé parler d'Hergé. En fait, on m'y avait poussé à dire du mal de lui; je m'étais plus ou moins laissé piéger par un animateur malveillant! Je me suis empressé de faire acte de contrition auprès de Georges; il s'est empressé de m'envoyer son absolution, en ces termes délicieusement généreux et pleins de sagesse (lettre datée du 3.3.76):

Mon cher ami,
   Chaque fois que j'ai été interviewé à la T.V., j'ai eu l'impression d'avoir été en dessous de tout. Et chaque fois, je me suis promis de ne plus me laisser «piéger». Et chaque fois suivante, j'ai eu de nouveau la sensation de m'être fait «avoir»!
   En fait, personne *n'écoute* ce que vous dites, à la T.V.: autant en emporte le vent!
   Une seule chose reste: vous avez été sympathique ou pas sympathique! N'en demandez pas plus, ni à vous, ni aux autres!
   Ceci dit, j'étais en Suisse et je n'ai pas vu votre émission!...

   Allez en paix, mon enfant, et que Dieu vous bénisse!

Hergé.

En 1976, ayant remarqué une erreur dans l'identification des Dupondt, j'ai demandé à Hergé si c'était là un de ses tours destiné à brouiller les pistes des exégètes. Voici sa réponse (en date du 16.6):

   Méchant, méchant Numa, qui faites pleurer les jeunes filles... Car elle a pleuré, cette pauvre petiote dont vous me transmettez la lettre, elle a pleuré à la lecture de votre livre...
   J'avais répondu courrier tournant à votre question concernant les Dupondt et je m'étonne que vous n'ayez pas reçu ma réponse.

   La revoici, cette réponse: oui virgule je me suis fourré le doigt dans l'œil. *Involontairement,* bien sûr!...

Amicalement à vous,
Hergé.

Requête à Hergé: pouvait-il me procurer l'un des nombreux «pirates» circulant autour de son œuvre? Voici ce qu'il m'a répondu, non sans finesse, le 16 décembre 1976:

Cher ami,
   Non, pour le moment je ne peux pas vous aider. Le seul

exemplaire de ce *Tintin* - pirate- que je possède se trouve entre les mains de mon avocat.

J'en cherche d'ailleurs un pour moi-même, mais ils sont introuvables, depuis que les agents de l'huissier en ont saisi une centaine. Ceux-là sont bouclés: la loi, c'est la loi!

Le «faussaire» n'en a plus un seul, dit-il dans une interview (sic) accordée à un important quotidien bruxellois: le «pôvre», il a dû en refuser à un prêtre (resic) qui le lui avait demandé...

Mais n'ayez crainte, s'il m'en tombe un sous la main (un *Tintin*- pirate-, je veux dire, pas un prêtre), je penserai à vous.

Amicalement,
Hergé.

J'avais retrouvé la trace d'une très ancienne œuvrette inconnue d'Hergé, «M. Mops». Vous verrez, aux trois lettres suivantes (datées respectivement des 22.2.78, 4.4.78 et 13.4.78), à quel point les plus grands auteurs ont parfois la mémoire courte (et aussi l'ironie subtile):

Cher ami,

Vous dites M. Mops?!... Bizarre!...

Malgré l'enquête menée par deux inspecteurs de mes connaissances, je ne suis toujours pas plus renseigné que vous: mon souvenir reste très vague...

Pourriez-vous m'envoyer photocopies de ces planches; de la sorte, peut-être, trouverais-je un indice qui éclairera votre lanterne?... Et, la mienne, par la même occasion.

Vous auriez aimé tout savoir: le résultat est bien maigre; pardon!...

Amicalement à vous,
Hergé

Cher ami,

Un grand merci pour ces deux planches!

Décidément, voilà un «Hergé» qui en avait de l'humour; tant d'humour que je ne me souviens toujours pas de ce M. Mops!...

De grâce, envoyez-moi des photocopies des six autres planches que vous possédez car j'ai encore envie de rire...

Merci d'avance.

Amicalement à vous,
Hergé.

Cher ami,

Encore un très grand merci pour les photocopies de ces autres «Mops».

J'ai retrouvé le même personnage dans quelques-uns de mes anciens Quick et Flupke datant de novembre 1931? M. Mops doit donc être — ou à peu près — de la même époque.

Le cas échéant, et si Casterman décidait de publier ces quelques planches dans les «Archives Quick et Flupke», dont la publication est prévue pour la fin de cette année, auriez-vous l'obligeance de me prêter les documents que vous possédez?... J'en ferais faire des clichés et je vous les renverrais aussitôt, parole de... ex-scout!

Amicalement à vous,
Hergé.

Voici un bon exemple de l'humour dont Hergé savait pimenter le moindre de ses messages. Lui ayant envoyé un article à lui consacré, il me répondit, le 27 juin 1978:

Cher ami,

Un grand merci pour votre article sur ce jeune dessinateur dont j'ai le nom sur le bout de la langue...

Me permettez-vous d'utiliser tout ou partie de cet article — excellent, au demeurant! — pour la notice biographique que j'envoie généralement aux lecteurs qui ne cessent de me poser des questions sur ce dessinateur?

Amicalement à vous,
Hergé.

Le sens de l'amitié, une vive affection, des scrupules, de l'attention, de la curiosité, de l'esprit: c'est un peu ce qui ressort des deux lettres suivantes (datées des 8.9.78 et 27.9.78), avec lesquelles nous refermerons ce florilège d'une correspondance. Outre le fait qu'il s'inquiétait sincèrement de l'hospitalisation de ma mère, Hergé répondait aussi à ma proposition de monter un projet d'album rempli d'inédits et d'archives (projet concrétisé, longtemps après, avec LE MONDE D'HERGÉ de Benoît Peeters). Quant à l'allusion drôlatique qui ouvre la seconde lettre, elle concerne une sorte de «fanzine» hyper-déconnant dont j'avais, par jeu, sorti un unique numéro en 1978...

Cher ami,

J'ai essayé de vous atteindre mercredi dernier pour prendre des nouvelles de votre mère. Et la personne que j'ai eue au bout du fil m'a appris que votre maman allait beaucoup mieux et qu'elle sortait le lendemain du service de réanimation.

J'aime à croire que tout s'est passé comme prévu et j'espère de tout cœur qu'elle se rétablira rapidement. Mais je suis sûr aussi que l'alerte aura été chaude...

J'en viens aux projets dont vous me parlez dans votre lettre du 27 août.

Il va sans dire que, par souci de correction, j'ai immédiatement transmis copie de votre lettre aux Etablissements Casterman: sans qu'ils aient jamais pris positivement option sur ce genre précis d'éditions, il est tacitement convenu entre eux et moi, que je les consulte toujours dans des affaires de ce genre.

J'attendrai donc une réponse castermanique avant de vous fixer.

Il est bien évident que, dans le cas où vous éditeriez ce genre d'«Archives», il faudrait étudier un par un tous les points de votre (ambitieux!) programme.

Encore tous mes vœux de rétablissement rapide et complet pour votre maman. Et merci d'être, de mon «œuvre», «le plus humble, le plus fidèle et le plus obéissant serviteur»!

Bien amicalement à vous,
Hergé.

Cher ami,

Merci d'avoir fait de moi un des heureux bénéficiaires de ce journal officieux dont auquel je me suis bâfré incontinent et qui m'a fait délirer aussi sec et m'a fait rire à gorge d'employé. Bon. Qu'est-ce que j'allais dire d'autre? Ah! oui! J'ai rencontré hier M. Louis-Robert Casterman, à qui j'avais transmis copie de votre lettre du 27 août.

En principe, Casterman ne voit pas d'objection à vos projets.

Par conséquent, et toujours en principe, je n'y suis pas opposé, moi non plus.

Bien entendu, il s'agirait de nous mettre d'accord sur vos différentes propositions: *tout* ne mérite évidemment pas d'être sorti du sombre (et légitime!) oubli dans lequel beaucoup de ces péchés de jeunesse étaient ensevelis.

Je suppose d'ailleurs que seul un tirage limité pourrait être envisagé.

Mais de tout cela nous pourrions reparler lors d'un de vos prochains séjours à Bruxelles.

Fanny et moi, nous espérons de tout cœur que l'état de santé de votre maman continue à s'améliorer: veuillez encore lui transmettre tous nos vœux de rétablissement.

Amicalement à vous,
Hergé.

TÉMOIGNAGES SUR HERGÉ

JACQUES MARTIN,
DIX-HUIT ANS AUX STUDIOS HERGÉ

En entrant aux Studios Hergé, j'ai réalisé un rêve d'enfant. A onze ans, j'avais été ébloui par les Aventures de Tintin. Ç'avait été pour moi une révélation majeure, extraordinaire, un de ces chocs violents et profonds qui influent sur toute une vie.
J'avais pénétré dans l'univers de Tintin en plein milieu de L'oreille cassée, *au moment précis où Alonzo Perez reproche à Ramon Bada de ne pas lancer son poignard assez à gauche. Quelle merveille que ce Tintin sauvé de la fusillade par une révolution, tombant de hauteurs vertigineuses dans des rivières et poursuivant sa course en crawlant sous les balles! Quel garçon que ce garçon qui passait au ras des locomotives lancées à toute vitesse et se payait la tête de militaires imbéciles! Et puis, ce mélange d'exotisme, d'aventures débridées — paraissant tout à fait vraies — et d'humour balayait pour moi les «Pieds Nickelés», les «Charlot» et même ce «Buster Brown» qui avait charmé mes jeunes années.*

Comme Zorro, Tintin est arrivé et a tout submergé. A partir de ce temps-là, j'ai dessiné dans les marges de mes cahiers des voitures qui carambolaient des verbes, des avions qui percutaient des additions, des bandits qui s'égaraient dans du vocabulaire latin. Les Aventures de Tintin m'apprenaient le mouvement; naguère statiques et bien léchés, mes bolides bondissaient désormais en laissant derrière eux des traits en festons symbolisant la vitesse, la poussière, les trépidations. Magnifique découverte d'Hergé que je copiais avec fougue (j'appris plus tard qu'il s'agissait là de «krollebitches»: petites frisettes, en bruxellois).

Ainsi donc, ce fut quelque part entre L'oreille cassée *et* L'île noire *que je pris la décision de devenir auteur de bandes dessinées et, pourquoi pas? tant que j'y étais, collaborateur d'Hergé. A cette époque, je l'imaginais sous les traits d'un bon grand-père, comme un petit Noir américain devait se figurer Dieu-le-Père...*

Quelques années plus tard, lorsque j'ai vu pour la première fois le narrateur des histoires qui m'avaient tant fait rêver, j'ai été fort surpris, presque choqué par son aspect juvénile. Je n'avais pas encore compris — et j'ai mis du temps à comprendre — que j'avais affaire à Tintin en personne! Oui, Hergé c'est Tintin, comme Stendhal était Julien Sorel et Flaubert Madame Bovary. Je n'ai jamais rencontré quelqu'un d'aussi sagace, réfléchi, attentif et sur ses gardes qu'Hergé, comme s'il avait à déjouer perpétuellement les traquenards tendus par tous les Rastapopoulos, Gibbons et Mitsuhirato de la terre! Comme son héros, il est habile, rapide, aigu, il voit juste et vite, tout en conservant cette pincée de naïveté (reste de l'enfance) qui caractérise Tintin. Si, au lieu de dessiner les Aventures de Tintin, il avait parcouru le monde et vécu lui-même ces aventures, sans doute aurions-nous en Hergé un journaliste-écrivain très caustique, racontant avec le clin d'œil ses heurs et malheurs: car, pareil à Tintin, il serait probablement tombé dans quelques pièges — pour mieux s'en sortir, parions-le!

Quand je suis arrivé aux Studios de l'avenue Louise, je croyais connaître mon métier. J'ai bientôt réalisé que j'avais encore beaucoup à apprendre. Et Hergé, justement, m'a beaucoup appris, au point qu'il m'est difficile aujourd'hui d'en faire le bilan. Ce savoir n'est pas uniquement graphique. Par exemple, j'ai assimilé ce principe qu'un projet urgent n'est jamais assez urgent pour ne pas mériter un séjour de trois semaines dans un tiroir!... Hergé m'a enseigné, m'a démontré (à moi, l'impétueux) que les idées sont comme les fruits, qu'elles doivent mûrir, et que s'emballer est presque toujours néfaste. Il m'a donné l'exemple de la patience. Il m'a fait approfondir bien des choses: la perspective, le centrage à droite de toute bonne mise en page... et jusqu'à la façon de faire tirer convenablement une cheminée de style XVIIᵉ!... Je ne sais pas trop ce que j'ai été pour lui jusqu'à présent, ce que j'ai pu lui apporter; mais lui, il m'a été indispensable.

L'école d'Hergé est celle de la probité dans le travail. Quand Edgar P. Jacobs travaillait avec lui, on peut dire, je crois, qu'ils rivalisaient entre eux de soin et de rigueur. Hergé est un des rares dessinateurs, peut-être le seul à faire une page de brouillon entière avant d'entamer l'original. Que de recherches, de gommages, de ratures, de doutes, d'énervements pour aboutir au résultat qui se trouve, finalement, comme gravé dans le papier. Quant aux textes, Hergé commence par les jeter sur sa planche, tels qu'ils lui viennent au bout du crayon; mais ensuite on le voit limer, polir et repolir une phrase, supprimer un mot, le remettre , le biffer à nouveau... Les lecteurs des albums de Tintin imaginent volontiers que ces pages ont jailli avec une grande facilité. Il n'en est rien: qui a vu Hergé à sa table de dessin sait quelle somme de patience, de peines, de contraintes... et de talent il a fallu qu'il accumule pour créer ce qu'il a créé.

Ce qu'il y a de merveilleux dans les Aventures de Tintin, c'est leur vraisemblance teintée de cette drôlerie bien particulière à Hergé. Quand il raconte une chose qui lui est arrivée — par exemple la crevaison d'un pneu en rase campagne — il est très amusant à écouter, car il émaille son récit de jeux de mots, contrepèteries et calembours qui valent le déplacement («valant le détour», dirait un guide du rire). On comprend mieux alors pourquoi le capitaine Haddock, Tournesol et les Dupondt s'expriment d'une façon si originale et si comique.

Hergé s'intéresse beaucoup, on le sait, à l'art non figuratif. Cette «activité marginale» — qu'il faudrait plutôt nommer «passion dévorante» — ne laisse pas de place pour un autre hobby. C'est sans doute dommage. En effet, si Hergé trouvait le temps, par exemple, d'écrire la relation de ses voyages, de ses expériences quotidiennes, de ses rencontres avec toutes sortes de Lampion, cela nous vaudrait de grandes et multiples pintes de bon sang. Et puis nous aurions aussi des aperçus nouveaux sur un homme très secret, dont il est difficile de faire le tour!... Je ne dis pas que ces récits ajouteraient à sa gloire, car, après Tintin, quelle gloire supplémentaire pourrait-il bien conquérir?...

(Septembre 1972)

COMPLÉMENTS

BAUDOUIN VAN DEN BRANDEN,
«VINGT ANS DE TRAVAUX FORT GAIS»,
OU «LA DÉPOSITION D'UN COMPLICE»

Je travaille aux côtés d'Hergé depuis vingt ans. Tout le monde me dit que j'ai bien de la chance; je réponds que oui. *Les visiteurs qui sortent de chez lui m'expliquent le coup, qui est invariablement le coup de foudre: «Quelle gentillesse! Quelle simplicité! Quel humour!»; je réponds que* oui. *Les plus curieux me demandent si c'est un homme aussi «facile» qu'il en a l'air; là, je réponds que* oui... *et que* non.
Hergé est un homme généralement facile, mais pas dans le travail, et pas dans la reproduction de son travail. Il est extraordinairement exigeant envers lui-même, et extraordinairement exigeant envers ses éditeurs, imprimeurs, etc. L'homme Georges Remi est un souple; le dessinateur Hergé est un dur. Et il l'a toujours été. Et c'est sans doute parce qu'il a toujours été ce dur-là qu'il est le Roi-Soleil de la bande dessinée.
Quand je suis entré dans ce système solaire, il y a vingt ans, et que j'ai été amené à plonger dans les dossiers contenant la correspondance de mon nouveau patron (l'expression consacrée est: patron et néanmoins ami!...), j'ai été éberlué. Ces copies sur papier pelure, dans les classeurs anciens, me révélaient une facette insoupçonnée du talent d'Hergé, son brio, son souffle et sa fécondité dans un genre bien défini: la lettre d'engueulade. Sa journée faite, après avoir dessiné, dessiné, dessiné, le jeune Hergé, le débutant Hergé s'installait à sa machine à écrire et tapait, tapait, tapait. Les coups tombaient sur la tête du responsable d'une marge trop grande ou trop étroite, d'un agrandissement trop petit, d'une réduction trop grande, d'un bleu trop clair, d'un rouge trop foncé, et (à l'occasion) d'une facture en souffrance qui le faisait souffrir. Coups toujours amortis (je dois l'ajouter) par un ton enjoué, des formules cocasses et l'assurance finale d'une amitié indéfectible. En attendant, le point de départ de ces philippiques, c'était quelque sacrilège technique commis à l'égard de Tintin, une atteinte portée au travail d'un homme jaloux de son travail, et la fureur de cet homme. Aujourd'hui encore, déposez sur le bureau d'Hergé un de ses personnages mal redessiné dans une annonce publicitaire d'un obscur journal bordure ou syldave, toute l'intransigeance de sa jeunesse le reprend, le ciel se couvre de menaces, les vitres tremblent.

Bref, Hergé est — depuis toujours — quelqu'un qui «sait se défendre»... Quelle leçon en tirer? Si j'étais un nouveau Gide et que je me mettais à endoctriner un jeune dessinateur rêvant de gloire, je lui dirais: «Nathanaël! Nathanaël! pour devenir un second Hergé, il ne suffit pas d'arriver au bon moment, d'avoir du génie, d'être pétri d'idées chevaleresques, de sérieux, de fantaisie, d'humour, et de doser tout cela dans l'œuvre que tu entreprends; il ne suffit pas de travailler comme un forçat (forçat longtemps heureux de sa chaîne et de son boulet) pendant trente ou quarante ans. Sois, si possible, enjôleur comme sont enjôleurs les chats qu'Hergé apprécie tant; mais, Nathanaël, Nathanaël, chaque fois qu'il le faudra, sors tes griffes!»

Chez le créateur Hergé, quand j'ai commencé à le regarder à l'ouvrage, les deux aspects qui m'ont le plus frappé — par leur surprenant contraste — étaient, d'une part, la simplicité narrative et, d'autre part, la complexité graphique. Je voyais le dessinateur souvent freiné par des détails de dessin, d'agencement de dessins: alors, son œil devenait gris, son visage de plomb. Je ne le voyais jamais en panne d'imagination. Son aisance m'épatait surtout dans la manière de lancer un nouveau récit. Cette façon de ne pas forcer son talent, de ne pas chercher d'emblée un «effet» saute aux yeux dès Tintin au pays des Soviets, *et est restée la façon Hergé. Que montrent les premières images d'une collection qui est diffusée aujourd'hui à trois millions d'exemplaires par an dans la moitié du monde? Elles montrent Tintin prenant le train, son directeur lui recommandant d'être prudent et le voyageur promettant d'envoyer des cartes postales... Impossible d'avoir plus de «naturel»: ce* naturel *qui me paraît, chez Hergé, la principale qualité, et du conteur, et de l'homme.*

A l'époque où j'ai peu à peu découvert cet homme-là, il y a vingt ans, il m'a semblé à la fois conforme à sa légende et assez différent de celle-ci. Des côtés Tintin, bien sûr, mais aussi des côtés non-Tintin et même des côtés anti-Tintin. Doué comme pas deux (retenant ses lectures, apprenant aisément les langues, imitant tous les accents possibles, chantant bien, sifflant mieux encore). «Tête bien faite» d'ancien premier de classe, ancien bon chef de patrouille, bon fils (il n'eût manqué que ça, avec un père comme était «papa Remi»!), ancien bon militaire, citoyen épris d'ordre, de discipline, ne transigeant pas avec les transistors, vivant dans la crainte non du Seigneur mais de la pollution et dans le respect des stationnements interdits.

Quelques signes particuliers: méthode, prudence, retenue. Existence réglée comme une pendule de gare. Après avoir conduit avec risques, fumé beaucoup, bu sec, c'est désormais ceinture au volant, ceinture pour la cigarette et ceinture pour l'alcool. Infiniment lent à se décider aux grands changements de cap: les plus longs «suspenses» ne sont pas dans les aventures de Tintin, mais dans les aventures de Georges Remi. Et bien du plaisir si vous tentez — avant comme après sa décision — de lutter successivement contre le Temporisateur et contre l'Irréductible: vos poings échouent comme dans un oreiller, vous insistez, vous insistez, jusqu'au moment où vous constatez que derrière l'oreiller, il y a un mur.

«Quelle modestie!», chante le chœur. Modeste, Hergé? Oui, assurément: jamais la moindre esbroufe, et même une humilité parfois excessive devant les esbroufeurs. Ayant trop le sens de la mesure pour hisser un créateur de bandes dessinées à la hauteur de Léonard de Vinci ou de Balzac. Par contre, d'une assurance rigide quant à sa valeur d'artisan, à la technique et aux secrets de son métier: c'est le menuisier fier des tables qu'il fabrique, c'est même l'horloger qui n'a reconnu jusqu'ici à aucun autre horloger l'art de faire de meilleures montres que les siennes.

Le petit jeu des définitions peut continuer, pêle-mêle, à main levée, comme une série de croquis pour le portrait en pied qui resterait à faire. Despote éclairé a giorno. Anglophile. Colérique avec freins sur les quatre roues. Formidablement travailleur, formidablement non-travailleur. Pas aussi détendu qu'on pourrait penser, pas frivole pour un sou: au contraire, profond, méditatif, avec une vision intérieure plutôt pessimiste. Pas du tout mystique, pas du tout religieux, et pourtant jamais guéri du besoin de croire à quelque chose (ce fut jadis l'astrologie, c'est présentement la peinture moderne). Aimant les jolies femmes; mais, au demeurant, moins homme à bonnes fortunes qu'à bonne fortune. Ne méprisant pas la célébrité, mais soupirant sous son joug, détestant la danse du ventre devant le public, les grimaces devant la presse, la pommade «confraternelle». Lassé jusqu'aux os du petit bla-bla rituel sur Tintin, mais sensible malgré tout aux compliments sortant de l'ordinaire, et appréciant la richesse des innombrables perles que lui apporte le courrier le plus fervent, le plus naïf et le plus merveilleux du monde. Exécrant toute forme de vulgarité, et — à l'autre bout — de mondanité.

*Pas follement entiché des «conquêtes du socialisme».
Calculateur quand il y pense (et il y pense de temps à autre). Peu
accessible à la sensiblerie, par nature tourné davantage vers lui-
même que vers les autres, mais faisant un effort constant pour se
tourner vers les autres, avec l'attention et l'ouverture de l'homme
de bonne volonté qu'il est typiquement (il n'est pas fou, ce Jules
Romains!). Quant à la pointe de cynisme, c'est la pointe d'ail,
c'est une recette pour relever un peu le goût de la vie.
Un dernier qualificatif. Dans ma verte commune de Boitsfort ,
aux portes de Bruxelles, trois de mes aînés me fascinaient assez
quand je n'avais pas vingt ans et qu'eux n'en avaient pas trente .
Il y avait Hergé, l'Hergé d'alors, à la coiffure courte, dure et
comme réglementaire qui le faisait ressembler à un Feldwebel. Il
y avait, jeune avocat, le futur bâtonnier Gilson de Rouvreux. Et il
y avait un demi-dieu blond que je voyais assis à la droite de Zeus
dans le tram 16. Zeus étant le poète Robert Vivier, et le demi-dieu
blond, Haroun Tazieff. De longue date, Hergé et Tazieff se sont
connus et grandement estimés. (Les explorateurs sont sans doute
la corporation la plus tintinophile qui soit sur terre et sur mer;
des plus illustres aux moins illustres, ils affirment tous que leur
vocation date du* Trésor de Rackham le Rouge *et du* Temple du
Soleil; *et un néophyte dont l'expédition en Amérique du Sud a
fini tragiquement avait écrit, de Paris, à Hergé en ne lui
demandant qu'une seule chose comme viatique: sa «bénédiction». Mais ceci est une autre histoire, parmi cent autre s
histoires...). Entre Hergé et Mano Gilson, entre l'inventeur de
Tintin et l'inventeur du fameux élève Pachterbeek, c'est moi qui
ai eu le privilège de faire les présentations, quoiqu'ils fussent
voisins depuis des années. C'était à un cocktail de mariage,
bénis soient ces mariés! Mano Gilson, personnage supérieur,
grand acteur de la comédie humaine, fut plus prompt qu'Herg é
lui-même à adopter le genre désinvolte, facétieux, avec
l'intonation bruxelloise (cette intonation est un moyen de faire
passer dans la parole n'importe quoi: on s'exprime comme si on
imitait, pour mieux le railler, un lourdaud de «belche», un
gaffeur, un Lampion, et cela permet de tout dire). Mano Gilson,
donc, a d'abord jaugé Hergé de la tête aux pieds, et — comme
pour approuver le choix que nous aurions fait de mon patron —
il nous a dit, à ma femme et moi: «Il est bien, hein?» Puis,
visiblement frappé de ce qu'un «artiste» ait un aspect aussi frais,
aussi net, il a ajouté: «Et prropr'!»... C'était tout un jugement,*

d'une intuition remarquable, en un seul mot. Hergé est quelqu'un de propre. *Tintin est un héros* propre. *Et si l'œuvre d'Hergé a inspiré une sorte de confiance universelle, n'est-ce pas parc e qu'elle est — et moralement, et pour l'œil — une œuvre «propre»?...*

Ainsi, voilà vingt ans que m'apparaît, au début de chaque journée (y compris le samedi), le jeune homme grisonnant que ses admiratrices voient sous les traits d'un play-boy et Gabrielle Rolin d'un cow-boy. Il est vrai que blanchir de poil est notre lot commun, que ce soit sous le harnais ou «en dehors du harnais» (comme disait un autre grand patron que j'ai eu, à propos d'un rédacteur à la chevelure de neige qui n'écrivait plus une ligne)[1]... Vingt ans que mon bureau recueille, à l'heure fixe de l'entrée d'Hergé, l'écho d'un «Comment vas-tu, yau de pipe?» ou autre calembour solidement ancré dans la grande tradition classique, comme les plaisanteries des albums eux-mêmes. Les salutations Hergé-Bob De Moor constituent, elles, certains matins, des sketches incroyables: par exemple, ils se croisent et se recroisent dix fois de suite en ratant la poignée de main... En somme, la présente déposition est celle d'un complice ayant accompli vingt ans de travaux fort gais... Vingt ans et des poussières; mais les poussières, je ne les aperçois nulle part, car la vie de tous les jours fait le ménage quotidiennement. J'ouvre une lettre: «Tintin est le bienfaiteur de toute ma famille», écrit un petit Noir du Cameroun au «raciste» Hergé. Un miracle après l'autre. Quel sera celui de demain?

Au fil des ans, et à l'inverse de Tintin, une certaine perfection n'est plus autant qu'autrefois l'image de marque d'Hergé. Il s'est humanisé. Il s'est détaché de certaines choses, attaché à d'autres. Mais si, nous des Studios, nous de la Garde, voulons le retrouver tel qu'en lui-même l'Éternité l'a déjà changé, il nous suffit de lui mettre sous les yeux une reproduction de Tintin mal fichue: c'est l'heure suivante qui est fichue.

(Juin 1973)

---

1. Baudouin van den Branden fait ici allusion à l'époque où il était le brillant journaliste Baudouin Braner.

MARCEL STAL,
DIRECTEUR DE LA GALERIE «CARREFOUR»
A BRUXELLES

Je connais Georges depuis 1930, car j'étais un ami de son frère, militaire comme moi. Georges est devenu l'un de mes plus chers amis et je crois le connaître bien: c'est un homme très complexe, qui n'a pas du tout la vocation du bonheur. D'autre part, son vedettariat est pour lui une situation terrible en ce qu'il accroît sa complexité et l'entraîne vers un plus grand déséquilibre.

Je n'aime absolument pas la B.D., mais Georges est un cas à part. C'est de la B.D. «supérieure»: il y a chez lui un côté exhaustif *qui n'existe généralement pas dans le genre. Ce qui me passionne, dans «Tintin», c'est son aspect complexe et multiple, à l'image de son créateur. Un épisode prodigieux est à mon sens* Les bijoux de la Castafiore, *extrêmement riche philosophiquement et poétiquement.*

Georges possède un extraordinaire côté d'incertitude et de recherche. Je dois avouer qu'il me semble quelquefois un peu atteint de «sinistrose» et cette tendance m'agace passablement. Par exemple: son épouvante devant les problèmes de l'environnement... Mais peut-être que c'est justement cette angoisse, cette incertitude qui l'encouragent à aller plus loin, qui sont causes de sa création?...

Dans l'évolution artistique de Georges, Jean-Pierre Raynaud est un peintre important. L'homme a été un choc pour lui; son œuvre aussi, qui trahit tous les tabous et tous les interdits que Raynaud essaie de transgresser, vainement sans doute (témoins: ses croix, ses «sens interdit», ses armes, le feu, etc.).
Sa peinture est pour Raynaud une tentative d'exorciser ses hantises. Georges y retrouve donc ses propres obsessions. Le sens de l'interdit, par exemple, cet interdit qu'il tente sans cesse de dépasser.
Plus tard, Georges a été séduit par Berrocal. Au contraire, là, ce qui l'accroche, c'est la puissance, la santé physique et mentale de l'œuvre et de son auteur. Il passe donc d'un pôle à l'autre: le tragique de l'existence et la recherche de l'équilibre.

Le génie étant «une longue patience», il n'y a pas de meilleur exemple qu'Hergé: il bâtit son monde depuis quarante ans en louvoyant entre ces deux pôles. Je trouve pourtant dommage qu'il ait tendance à rejeter tout ce qui est antérieur chez lui, ne restant pas sentimentalement attaché à son passé: il se renie un peu, par exemple en remodelant sans cesse ses anciennes histoires. Il ne faut pas oublier que le destin de l'homme est un tout continu. Il est possible de se chercher sans se renier de la sorte.

D'autant plus, je le répète, que Georges est un modèle de patience, de méthode et d'équilibre dans son œuvre... Oui, oui, c'est cela, son génie: une longue patience...

(Avril 1973)

PIERRE STERCKX,
CRITIQUE D'ART, DIRECTEUR DE L'E.R.G. A BRUXELLES

La première fois que je le vis, ce devait être en 1953-1954, je vins l'interviewer à son studio de l'avenue Louise, à Bruxelles. Je travaillais pour un magazine étudiant, le Blé, *et, déjà (je n'avais que dix-sept ans) la peinture m'intéressait. Mon interview fut banale, bien entendu; je n'avais que mon amour de Tintin et un trac abyssal pour le nourrir. Mais deux reproductions de tableaux ornaient les murs du studio; un Miró (des années 20) et un portrait à l'encre de Hans Holbein (autour de 1530). Je crois même que ce Holbein se trouve toujours sur les murs de Bob De Moor. Ai-je été sot de ne jamais en parler à Georges, de ne pas lui demander le pourquoi d'un choix aussi paradoxal... Il est vrai que le discours théorique n'était pas son domaine. Il l'écoutait avec énormément d'attention, et même de plaisir, mais ne s'y exerçait pas. Et comme je le comprends! Il avait un tel accès aux systèmes humains, à tous leurs signes, un accès tellement plus généreux et ludique que celui des théoriciens. Il faut donc que je fasse le commentaire de cette association Miró-Holbein à sa place, que je clarifie son intuition. On pourrait le dire de la sorte: Miró pour la magie, l'humour, la fantasmagorie, l'aplat et l'a-plat, l'animation jusqu'au mouvement trépidant, la simplification, l'invention graphique à la fois adulte et puérile.*

Holbein pour le sérieux, la gravité, la probité, le contour dénoté, la mimêsis et la ressemblance, la froideur, l'essentiel. Je l'avais pressenti, en lisant il y a longtemps déjà, les ouvrages de Mac Luhan: une réconciliation est possible entre, non seulement les anciens et les modernes, mais entre le cartoon et la peinture . Hergé, avec son Miró-Holbein, est le dessinateur de ces retrouvailles. Tout le génie de son dessin parcourt l'écart Miró-Holbein, et l'apaise.

Je n'ai plus rencontré Hergé avant 1965. Je le revis à ce moment dans une galerie d'art proche de son studio, «Carrefour», dirigée par un charmant homme, spirituel et comique, Marcel Stal. Hergé, au contact de cet excellent initiateur, avait commencé sérieusement sa collection d'art contemporain. Délaissant les Spillaert, Permecke, Jakob Smits et autres maîtres des années 20, il s'était tout d'abord intéressé à divers peintres du groupe Cobra, comme Alechinsky, Appel, Jorn ou Maurice Wijckaert, un de leurs représentants tardif. Il s'en est expliqué plusieurs fois, je crois, l'expressionnisme l'a très rapidement déçu. Il lui fallait quelque chose de plus net, de plus médité. Tout ce qui fait la part belle aux défoulements gestuels lui faisait horreur. Le spirituel dans l'art (ou dans la BD, car il me commenta de même les dessins de Pratt, Franquin, Manara, Moebius) devait passer pour lui par la netteté, l'économie, la mesure. C'est pourquoi il admirait et acheta Frank Stella, Noland et se prit de passion pour divers artistes exposés à la galerie Carrefour: Poliakoff, Fontana, Dewasne, Berrocal. Il en acheta plusieurs œuvres maîtresses. C'était son accès à l'abstraction, ce versant de spiritualité interdit à son art de conteur d'histoires en images.

Il me demanda de bien vouloir passer chez lui, une fois par semaine, pour lui parler des peintres que j'étudiais dans mon enseignement de la philosophie de l'art. Et il voulait me payer! J'ai accepté l'honneur qu'il me fit, refusant les honoraires.

A cette époque, le trafic d'œuvres d'art primitif était intense à Bruxelles. Je lui indiquai quelques bonnes adresses et il se procura d'importants objets d'art africain (Bambara, Ibo, Guro , Baoulé). Il y ajouta quelques pièces égyptiennes, indiennes et aussi, bien sûr, une série impressionnante de céramiques et bronzes chinois. Je me demande si ce n'est pas lui, et son goût de collecteur-collectionneur qui aurait insidieusement fait naître en moi l'idée de cette exposition du «Musée imaginaire de Tintin», qui lui fit tant plaisir.

Vint le Pop'Art. Hergé s'y intéressa aussitôt. Ce fut, bien entendu, Roy Lichtenstein qui eut sa préférence. Non seulement, je pense, parce que ce peintre s'est inspiré des comics, *mais aussi et surtout parce que c'est le plus net, le plus graphique de tous les artistes américains des années 60. Ce sont les six cathédrales sérigraphiées par Lichtenstein selon Monet qui ornèrent et ornent toujours le mur de fond de son bureau.*
Cependant Hergé aimait beaucoup Dine, Rauschenberg, et aussi Warhol, qu'il rencontra. Il encouragea également deux sculpteurs de l'objet: un Français, Jean-Pierre Raynaud, qui conduit une carrière de grand solitaire, et Luc Monheim, un Anversois, dont le trajet a bifurqué plus tard vers le cinéma.
Les années 70 virent le développement d'une série de mouvements très réflexifs, dont le conceptuel fut le fer de lance. Hergé trop proche des choses et des êtres, de leurs figurations et sensations, approcha ce mouvement avec prudence. Cependant, il ne fit pas comme la plupart des collectionneurs de sa génération, qui rompirent à ce moment tout contact avec les recherches de l'avant-garde. On le vit partager son temps d'amateur d'art entre la galerie Carrefour, où le rituel de l'apéritif se maintient contre vents et marées, et une nouvelle galerie «D», où un jeune animateur, Guy Debruyne, montrait Dennis Oppenheim (Body ou Land Art) Dan Flavin (néons de couleur), Sol Lewitt, et d'autres. Et les plus sensoriels d'entre ces ascètes prirent place dans la collection d'Hergé. Il eut une passion pour les montages photographiques de Jan Dibbets, peut-être le plus important, dont nous allâmes visiter l'atelier à Amsterdam.
Mais la peinture ne se joue jamais sur un seul front. Entre 68 et 78, des peintres de l'image apparaissent, souvent quelque peu isolés. Hergé s'y intéressa beaucoup. Il acheta à plusieurs reprises un jeune Hollandais, Pat Andréa, et aussi Adami et Hockney.
Lorsque le malheur de la maladie le frappa, il y a quatre ans, Georges cessa de s'occuper de collection. Il est vrai que c'est une activité qui exige, si on veut l'exercer au-delà du dilettantisme, énormément d'énergie et de disponibilité. Il y eut cependant une exception: Stefan Dejaeger, un tout jeune artiste belge qui a en quelque sorte réinventé le polaroïd. Hergé n'avait plus la force de se rendre aux expositions. Stefan exposa, voici quelques mois, à la galerie Isy Brachot à Bruxelles. Je me trouvais au

vernissage, en compagnie d'Alain Baran, le secrétaire d'Hergé, et je déclarai avec fougue à Alain qu'un tableau bleu (composé de deux formats associés au sein desquels une ombre faisait un geste d'apaisement) devait entrer dans la collection d'Hergé. Le surlendemain, Alain téléphone à Hergé, qui se reposait en Autriche. Et Georges achète le tableau par téléphone. A son retour, il le voit dans son studio, l'aime et le transporte chez lui, où il l'accroche dans sa salle à manger, face à la table.

(Avril 1983)

HERGÉ TRAHI PAR LES SIENS

TABLE RONDE AUX STUDIOS DE L'AVENUE LOUISE

Aux Studios Hergé. L'heure du thé. Vraie «table ronde», à ce détail près qu'elle est rectangulaire. Sur la table, sept tasses. Sous la table — rigoureusement clandestin — un enregistreur. A l'insu des quatre parleurs et des trois parleuses, l'appareil ne perdra pas un mot de leurs libres, très libres propos.
Ce jour-là, Hergé est absent: occasion rêvée pour qu'il soit le sujet du débat. Les absents ont-ils toujours tort? La bande magnétique va nous le dire...

Baudouin van den Branden — Eh bien, hier après-midi et ce matin, je reconduisais encore les deux derniers types qu'Hergé a reçus. Vous auriez dû les entendre: «Quelle gentillesse!... Quelle simplicité!... Quel humour!... Quel naturel!...»

Michel Demarets — Ils ne venaient pas d'Ostende?

(Exclamations, ricanements)

Nicole Van Damme — Pourquoi d'Ostende?

Josette Baujot — C'est vrai, Nicole n'était pas encore dans la maison en ce temps-là. Elle n'a pas vécu la scène.

B.v.d.B. — Est-ce que ce n'étaient pas un frère et une sœur qui s'étaient amenés spécialement d'Ostende pour visiter les

233

Studios?... Mais ça s'est passé devant vous, Madame Baujot. Racontez.

J.B. — Le patron est entré. On voyait déjà à sa tête qu'il était dans un mauvais jour. Il a jeté un œil sur le petit jeune homme et la petite jeune fille en train de regarder des dessins. Alors il leur a demandé: «Qu'est-ce qu'il fait, votre père?... — Architecte. — Tiens!... Et votre père serait content si on le dérangeait dans son travail? — Nn...non, qu'ils ont fait, tout rouges. — Bon. Alors, pourquoi dérangez-vous les autres?»

Jacques Martin — Il aurait fallu les voir! Trois secondes après, ils étaient dans l'ascenseur!

Bob De Moor — Ça n'est quand même pas arrivé tellement souvent...

B.v.d.B. — Bonne parole, Bob! Vous êtes un brave. Pour votre récompense, vous pouvez avoir une seconde tasse de café... Ah! non, c'est vrai, c'est du thé que vous prenez maintenant: le café vous empêchait de vous endormir.

France Ferrari — Plaisanterie que je pense avoir déjà entendue une ou deux fois...

J.B. — En tout cas, il a rarement explosé comme ce jour-là.

N.V.D. — Autant explosé que pour l'histoire du parapluie?... Celle-là, je l'ai vécue.

B.v.d.B. — Non, tout de même!... L'histoire du parapluie, ça a été un sommet!... Reconnaissez, Mesdames, que vous aviez attiré la foudre qui vous est tombée dessus.

(Voix féminines) — Mais, Monsieur...

B.v.d.B. — Non, écoutez: chiper le parapluie qu'une éminente sociologue a laissé dans l'entrée, découper des centaines de petits papiers de couleur, les fourrer dans le parapluie, le remettre à sa place, mine de rien, pour que la malheureuse, à la première ondée, attrape une pluie de confettis sur le crâne... qu'est-ce qui vous a pris?

234

N.V.D. — Qu'est-ce qu'on a pris, surtout, quand le patron l'a su!!!

J.M. — Et vous n'avez jamais eu de nouvelles de l'éminente sociologue?

B.v.d.B. — Mais oui, je vous l'ai sûrement raconté. Elle n'avait pas répondu à la lettre d'excuses qu'Hergé lui avait envoyée. Mais, le jour où elle est revenue ici, des mois plus tard, elle m'a dit, à moi: «Je vais voir des gens, des gens importants, dans le monde entier. Eh bien! ma première visite chez Tintin, ce parapluie gonflé de papiers multicolores, c'est la chose la plus poétique, le souvenir le plus charmant de tous mes voyages!»... Elle en était encore ravie, réellement.

J.B. — En somme, on aurait dû être félicitées, au lieu d'être enguirlandées.

M.D. Et quelles étaient les autres qualités du patron, d'après ses visiteurs?

B.v.d.B. — Attendez... La gentillesse, j'ai dit. Qu'est-ce qu'il y avait encore?... Ah, oui, la simplicité. C'est d'ailleurs vrai: il n'y a pas plus simple qu'Hergé. Tout le monde ici connaît l'anecdote Jean Yanne?...

(Quelques voix) — Non.

B.v.d.B. — Pardon pour ceux à qui Hergé l'a déjà racontée lui-même. Ça ne date pas d'hier. Il déjeunait dans un restaurant parisien. A côté, il y avait un autre couple. Pendant le repas, le patron du restaurant (pas celui qui a une barbe: non, son fils) vient se pencher sur la table d'Hergé et lui dit avec un petit clin d'œil: «Quelqu'un qui voudrait beaucoup vous connaître, c'est Jean Yanne. — Jean comment? — Jean Yanne. — Ah?... — Vous savez tout de même bien qui est Jean Yanne!... — Non. — Mais si! — Mais non!» Le type s'en va, l'air accablé, et les choses en restent là... Des mois plus tard, à une Foire du Livre, je ne sais plus où, quelqu'un du stand Casterman dit à Hergé: «Vous voyez le monsieur qui est là: c'est Jean Yanne.» Et Hergé reconnaît le client qui était son voisin immédiat, au restaurant, et qui donc, ce jour-là, n'avait rien perdu du dialogue qui le concernait...

J.M. — En quoi cette histoire prouve-t-elle la simplicité d'Hergé?

B.v.d.B. — Mais voyons, un homme moins simple ne se serait pas obstiné comme ça. Il aurait dit: «Jean Yanne?... Ah! oui, évidemment... Excusez-moi... Bien sûr que je sais qui c'est!» Hergé, lui, à l'époque, n'avait pas encore la télévision; Jean Yanne ne faisait pas encore de cinéma. On lui demande s'il connaît Jean Yanne. Or, il ne le connaît pas. Donc, il répond: «Connais pas...» avec le maximum de simplicité.

F.F. — Heureusement pour Jean Yanne qu'il a, lui aussi, le sens de l'humour.

B.v.d.B. — Sans doute. Mais autant qu'Hergé, ce n'est pas possible. Voilà près de vingt ans qu'il entre dans mon bureau tous les matins et qu'il me tend la main en me demandant: «Comment vas-tu... yau de pipe?» C'est pas de l'humour, ça, non?!...

M.D. — Hergé a de l'humour toute l'année, sauf le 1er avril.

J.B. — Ça, c'est parce qu'il ne fait pas attention au calendrier, et qu'il ne sait absolument pas qu'on est le 1er avril.

F.F. — Mais le naturel est une de ses qualités dont on discutait tout à l'heure... Ses derniers visiteurs le disaient encore, non?

B.v.d.B. — Vous connaissez quelqu'un de plus naturel que lui, vous?... Qu'il soit devant l'ambassadeur d'Angleterre ou devant le petit garçon de la femme de ménage, il ne se compose jamais une attitude, il reste toujours exactement le même.

M.D. — Vous voulez dire qu'il traite l'ambassadeur d'Angleterre comme si c'était le fils de la femme de ménage?...

B.v.d.B. — C'est malin!... Et naturel, il l'a toujours été.

N.V.D. — C'est merveilleux, tout ce que j'apprends aujourd'hui sur cet homme!... Encore! encore!...

B.v.d.B. — Dites! il est cinq heures vingt... Vous ne croyez pas que, non?...

F.F. — Oh! quand le patron est là, il ne nous bouscule pas ainsi.

B.D.M. — Il aime prendre le thé tard, comme dit Jacques Laudy.

J.B. — Et puis, il n'oublie jamais de dire merci, lui!

F.F. — Il est poli, en plus de tout!

M.D. — Allons, bref, il n'est pas si mal que ça!

(Brouhaha, remue-ménage)

Fin de la pause de l'après-midi aux Studios Hergé.
Dialogue mis en forme par Baudouin van den Branden.

(Juillet 1972)

GALERIE DE PORTRAITS

Tintin et Milou

Tintin est le descendant indirect d'un chef de patrouille nommé Totor, qu'Hergé anima en 1923 pour *Le boy-scout belge*. Comme Totor, comme Hergé lui-même, il sent couler en ses veines le sang pur des scouts de bonne race. Journaliste de profession, par vocation défenseur des bonnes causes, Tintin appartient à cette espèce en voie d'extinction des reporters-justiciers: comme Rouletabille — à qui il ressemble physiquement —, il est de ces globe-trotters qui prennent parti et vivent l'aventure avant de l'écrire. Un chevalier du journalisme. Un véritable «héros». Cela signifie que Tintin est un être parfait, soucieux d'honorabilité, un *exemple*. L'intelligence est sans faille, les qualités morales difficilement égalables. Le héros est par définition irréprochable: le nôtre est parfaitement conforme à sa légende. Indépendamment des facultés intellectuelles à mi-chemin entre le génie précoce et le prodige de cirque, le fait le plus inacceptable est la propension de cet apprenti à s'établir professeur de catéchisme. Sa vertu dépasse l'entendement, du moins en apparence. Car c'est la *façade* que Tintin préserve, ne présentant à ses jeunes lecteurs que le côté brillant de son personnage...Son existence se justifie dans la mesure où il y a un Bien luttant contre un Mal. Sa raison d'être est ce fossilisant manichéisme. D'abord moyen terme agissant de la lutte, arbitre et finalement allié du Bien, il finit par s'identifier complètement à celui-ci. On mesure évidemment le caractère semi-divin d'une telle mission. Mais le héros n'est lui-même qu'en fonction de cela: sorti de l'aventure, il est nul, inexistant. Mal dans sa peau lorsqu'il n'est pas en action (voir *Les bijoux de la Castafiore*), nous ne le percevons pas en des tranches de vie, mais en des instants privilégiés d'activité, précédés et suivis par des éternités d'immobilisme. Un peu comme les marionnettes que l'on range dans une boîte, une fois achevée la représentation. A l'opposé, débordant de vie, Haddock nous apparaît *en continuité* dans les moments éclatants d'une existence que l'on devine intense. Pour Tintin, en somme, l'aventure est une «très substantifique moelle», une parenthèse au néant. Cela est sensible dans le graphisme utilisé, en particulier la peinture des *visages*. Comme l'explique Hergé: «Sur le plan graphique, Tintin est toujours une esquisse. Voyez ses traits: son visage est une ébauche immuable. Au contraire, le visage de Haddock est extrêmement mobile, expressif. Il trahit une vie bien plus intense.»

Autrement intéressant est l'alter ego Milou, fox-terrier apparu en 1929 en même temps que Tintin, pour le reportage «aux pays des Soviets», et qui n'a pas varié d'un poil depuis cette époque[1]. Plus qu'un animal, Milou est pour son maître un interlocuteur, il converse avec lui, avec lui il *échange*. Non qu'il soit un chien parlant, Milou est le plus ordinaire, le plus normal, le plus canin des chiens. Bien que fort loquace, il parle chien, et c'est ainsi seulement que le perçoit Tintin[2].

Mais le dialogue se situe au niveau de l'instinct, d'une télépathie secrète: entre Milou et son ami, c'est une question d'ondes mystérieuses, la complicité du silence.

En bien des points, le fidèle compagnon ressemble au capitaine Haddock: râleur, bavard, irritable et têtu, vantard, gaffeur et malchanceux, il y a du capitaine en ce chien difficile. D'autre part, Milou est bien connu pour sa gourmandise — choisir entre le bel ostentateur et la chose importante pour la sauvegarde de Tintin est un cas de conscience — et aussi pour son très net penchant vers l'ivrognerie. Le whisky, en particulier, exerce une fascination certaine pour cet épicurien de pure race. Enfin, tout comme Haddock, il n'aime pas l'aventure.

Son bien-être, sa tranquillité, rien ne lui est plus désirable que l'oisiveté confortable. Pour ce faire, il acceptera même de pactiser

---

1. Si l'on excepte son étrange comportement humanoïde dans *Tintin au pays des Soviets* (pp. 140-141), où il s'empare d'une glace, d'une brosse et d'un peigne afin de se coiffer et de se faire beau!
2. Milou parlera une fois à son maître le langage des hommes, dans *Tintin en Amérique* (p. 9).

avec le chat de Moulinsart. Si Milou se résout à courir les grands chemins, c'est bien pour Tintin, pour lui faire plaisir, surtout pour ne pas l'abandonner: pareil au capitaine, l'animal se sait indispensable au héros.

Il y a évidemment l'autre face du personnage, sa générosité, sa gentillesse, sa bonne humeur, son génie — génie de l'adaptation, génie de comprendre rapidement toutes les situations —, et puis il y a la sagesse, la philosophie profonde et naturelle du chien-moraliste. C'est un penseur de talent, Milou, un fameux conseiller du bien-vivre.

Haddock

Le «second» de Tintin est capitaine au long cours, apparu en 1941 dans *Le crabe aux pinces d'or*, douze ans et huit épisodes après le héros lui-même. S'appeler Haddock, pour un marin, c'est un comble, surtout pour un marin susceptible. Rien ne le met en rage comme la manie castafioresque d'écorcher son nom et de le transformer tantôt en amiral, tantôt en patron-pêcheur. Grand, costaud, à la fois jovial et bourru d'apparence, cet homme arbore en permanence, sous sa vaste barbe de loup de mer, le costume d'officier de la marine civile, ne le quittant qu'en de très rares occasions imposées par les événements. Amateur d'alcool — principalement de rhum et de whisky —, il n'apprécie rien mieux que de fumer un excellent tabac dans une bonne pipe, en prenant l'air dans la campagne... Nul ne connaît ses origines ni son prénom, si toutefois, il en possède un. Un de ses ancêtres, le chevalier François de Hadoque, fut capitaine de la marine du roi Louis XIV. Une fois, dans sa première aventure, notre personnage évoque sa «vieille mère», que l'on ne verra pas et dont on n'entendra plus jamais parler. Depuis ses débuts, le Capitaine a considérablement évolué. Au commencement, alcoolique, minable et veule, il s'agissait d'une véritable épave, une loque dominée par le lieutenant Allan Thompson. Il est juste de dire que Tintin l'a sauvé, devinant les grandes qualités contenues en cette misérable éponge gorgée d'alcool. Puis Haddock s'est périodiquement bonifié au contact de son ami.

D'ailleurs, si l'alcool et le tabac ont passablement usé son organisme, Haddock est redevable au premier de lui avoir au moins une fois sauvé la vie. A la fin de l'expédition lunaire, lorsqu'il demeure inanimé et que l'on craint le pire à son sujet, le docteur Rotule déclare à Tintin: «Hélas! Son état paraît beaucoup plus grave... et je crains même... Le pouls est très irrégulier et très faible... C'était, paraît-il, un grand buveur de whisky.»

Alors, le miracle se produit: à ce seul mot de *whisky,* Haddock ressuscite, vainqueur de la mort, revigoré, d'un coup de bouteille magique...

Parallèlement à cette évolution morale, il est un autre cheminement au cours duquel, de moins en moins féru d'aventures, le capitaine découvre sa vocation, je veux parler de la vocation au *repos*, à la pantoufle, le besoin vif et croissant de s'enraciner. Le tournant est l'acquisition du château ancestral de Moulinsart, mais déjà auparavant, apatride par la force des choses, l'homme était peu enclin à bourlinguer sans fin. Avec ou sans Tintin, arpentant l'onde ou le plancher des vaches, il cherchait inconsciemment le havre où prendre souffle et stopper sa course. Il n'y avait pas de port pour lui, hormis en l'ivresse, où les rêves secrets se perpétuent. Détaché du paradis artificiel, le hasard, le destin sans doute, et aussi naturellement l'auteur lui fixèrent un horizon: le château de Moulinsart. Dorénavant, en dehors de Tintin, le danger seul poussera le Capitaine à larguer les amarres — par exemple l'arrivée imminente de la Castafiore...

La pleine mesure de son génie, il la donne lorsqu'il explose: le mauvais caractère est triomphant, avec un vocabulaire approprié désormais légendaire. Les tempêtes qu'il déchaîne sont d'autant plus vite apaisées qu'elles furent violentes. Haddock est de ces êtres extravertis qui ne cachent rien de leurs sentiments: c'est un sincère, un spontané. Le bel exemple d'une nature généreuse pour qui la colère est catharsis, facteur constant de sublimation. Nul n'est moins hypocrite, personne n'est plus transparent que lui. Les injures, il les invente pour s'exorciser du mensonge et de la médiocrité. Les «mots» du Capitaine font de lui un prodigieux créateur d'images, un jongleur d'apostrophes, un maître de l'invective, un inventeur verbal, un poète.

Cette propension à l'irritabilité, au défoulement verbal et à l'anathème, cette candeur dans l'action ne manquent pas d'une certaine dose de maladresse. Ceci est une autre marque profonde du Capitaine: malhabile comme il est, la malchance l'accable, victime désignée, tentatrice, de sa propre naïveté. Les bonnes intentions tournent court, les bourdes s'accumulent. Le plus gros égarement haddockien est de se faire élire président de la «Ligue des marins anti-alcooliques». C'est aussi, plus fréquemment, de convoiter une bouteille qui lui fera défaut à l'instant précisément où il pensera s'en rendre maître...

En ce sens, bien avant les Dupondt, Haddock est le premier moteur des gags par son incapacité chronique, fatale, à concilier pensée et action, sa gigantesque et fébrile maladresse, d'autant plus drôle — et touchante — qu'elle déborde de bonne volonté. Gaffeur à la puissance mille, il provoque et suscite autour de lui les gaffes, par un diabolique enchaînement du destin. Quand il ne cause pas lui-même les catastrophes, elles viennent à lui, irrémédiablement attirées par ce catalyseur de guigne.

Mais l'essentiel, au-delà de ces manifestations caractérielles, au-delà même de l'innocence du Capitaine, ce sont ses immenses qualités de cœur et d'âme qui font de lui le plus important personnage de la saga hergéenne.

Issu d'une haute lignée de marins, il est l'héritier d'une sévère tradition de droiture, de bravoure et d'honnêteté, et fait preuve en toutes occasions d'une générosité hors pair. Il donnerait sa vie pour ses amis — en particulier Tintin — et l'amitié n'est pas pour lui un vain mot.

Bourru, rouspéteur et colérique, il est toujours présent sur le chemin du coeur, et l'exemple des romanichels des *Bijoux de la Castafiore* est significatif: Haddock se fout de l'usage en vigueur et de l'hypocrite malveillance; il brave, noble et bon, le conformisme méchant, le «fascisme quotidien» de ses semblables...

Curieuse destinée que la sienne. Haddock est un vivant paradoxe: son être aspire au repos, mais une force supérieure le contraint à l'aventure. Les grands espaces sont sa fatalité. Mais avec joie, avec enthousiasme, avec jeunesse et vie. Peut-être que Tintin est la vedette de ses aventures, peut-être que le Capitaine y joue la part du «second». Il n'en demeure pas moins que celui-ci, mille fois plus haut que le héros, est le seul «être humain» de l'œuvre.

Tournesol

C'est en 1945, au douzième épisode — *Le trésor de Rackham le Rouge* —, que Tryphon Tournesol s'introduit dans le monde hergéen, seize ans après Tintin et quatre ans après le Capitaine. Physicien et astrophysicien, éminent scientifique autant qu'habile cultivateur de roses, il le fit de la façon que l'on sait et ne quitte plus guère l'œuvre, la parsemant de ses étonnantes trouvailles, avec une discrétion et une efficacité qui lui confèrent une saveur merveilleusement humaine. Distrait, coupé de la réalité, à moitié sourd, mais également tendre et sensible, il est un des rares personnages de B.D. comique (avec Obélix) ayant éprouvé des sentiments amoureux. Le doux objet de sa timide flamme est le pétulant «rossignol milanais». Il est vrai que le cher savant est sourd. Comme dit Hergé à Pierre Ajame: «Tournesol aime le genre caissière du Grand-Café. Il doit penser: c'est une bien belle personne»[1]. Cela dit, Tryphon possède les apparences d'un gentil farfelu, dans la bonne tradition des savants caricaturaux engendrés par l'imagination; c'est le digne héritier de Cosinus. Désuet, sans doute l'est-il, et aussi parodique d'un genre, d'une époque. En ces temps de recherches collectives, d'intégration parfaite au «système», le génie solitaire plus vrai que nature semble un peu dépassé. D'autre part, son incorrigible distraction, son inadaptation à la vie de tous les jours chargent la caricature. La surdité est un facteur supplémentaire d'isolement, encore qu'il se considère lui-même coquettement «un peu dur d'oreille». Bien sûr, c'est un rêveur, Tournesol, un rêveur d'envergure. Un poète fourvoyé au royaume des chiffres, un doux maniaque à l'image de ses mots favoris, interjections chantantes, «sapristi» et «saperlipopette»...

Pacifique, paisible et non violent, modeste, il est jovialement et tranquillement fixé vers l'horizon du Bien. Mais calme et bonhomie ne riment pas forcément avec faiblesse et passivité. L'individu est fort, capable d'héroïsme, ses colères sont explosives: rappelons-nous l'éclat tournesolesque d'*Objectif Lune,* lorsque le Capitaine l'avait traité de «zouave», ou cette rage de *Vol 714 pour Sydney* qui réduit presque Carreidas en miettes. D'ailleurs, c'est bon à savoir, Tryphon a pratiqué «presque tous les sports. Le tennis, la natation, le football, le rugby, l'escrime, le patinage: tous les sports, je vous dis. Sans oublier les sports de combat: la lutte, la boxe anglaise et la boxe française, c'est-à-dire la savate»[2]...

1. Pierre Ajame, «Interview d'Hergé», *Les Nouvelles littéraires* n° 1869, 27 juin 1963.
2. *Vol 714 pour Sydney*, p. 7.

Il est malgré tout fragile, notre génie, frêle et faillible, en dépit de ses talents: c'est là un émouvant signe d'humanité. Rien en lui du super-héros: rien de faux ni d'invraisemblable. Au moment de l'expédition lunaire, une amnésie malencontreuse le prive de ses moyens d'action, au moment justement où tout le monde a besoin de lui. Dans l'affaire qui porte son nom, Tournesol commet des bourdes en expérimentant son onde de destruction: vitres brisées, glaces détruites, lustres s'écroulant, le château entier faillit y passer[1]. Jusqu'au camion du laitier qui eut la malchance de passer à portée de l'onde. Des centaines de bouteilles réduites en bouillie! Mais tout cela ne doit pas nous faire oublier l'extraordinaire potentiel scientifique du personnage, le sérieux, l'intelligence, l'efficacité d'un créateur hautement inventif et, surtout, absolument vraisemblable. De ses fameuses trouvailles, je ne citerai que la plus exquise, la plus délicieuse: une nouvelle variété de roses blanches qu'il baptise «Bianca» en hommage à la Castafiore... Et puis — et il s'agit plus que d'un péché mignon — la radiesthésie lui donne l'impulsion confiante et l'ouverture spirituelle: vers l'ouest, ou ailleurs, c'est sa destinée que le pendule trace, en cercles discrets.

Dupond et Dupont

Apparus en 1934 — sous le nom de X 33 et X 33 bis — dans la version noir et blanc des *Cigares du pharaon* (mais présents, anonymes, à la première case de *Tintin au Congo*, édition coloriée), les détectives de la P.J. Dupond et Dupont, nullement parents en dépit d'une totale et extraordinaire similitude, sont le dédoublement et l'exacerbation de certains travers: la prétention, la stupidité, la maladresse souvent dangereuse, l'intolérance imbécile et hargneuse des petits bourgeois, la médiocrité enflée, rayonnante...
Égaux dans la nullité, un détail seul permet de les distinguer: l'un possède une moustache arrondie et droite (Dupond, avec un d comme droite); la moustache de l'autre remonte légèrement aux pointes (Dupont, avec un t comme tournante). Les gags époustouflants qu'ils provoquent ont évolué, mais leurs interventions demeurent exactement symétriques. Suspicieux en

---

1. Il y passe complètement lors d'une autre expérience comme en témoigne la p. 62 de *Au pays de l'or noir!*

toutes circonstances, ils se donnent des airs de Sherlock Holmes et jouent les fins limiers, loupes en main, asphyxiés de suffisance. Eux seuls peuvent s'écrier «que personne ne sorte»... en pénétrant dans une pièce dont nul ne songe à sortir[1].

En général, ils n'exécutent jamais la mission exigée, mais prennent des initiatives qui leur retombent sur le nez, au propre comme au figuré... Leurs exploits verbaux sont relativement récents, mais c'est par là qu'on les connaît surtout maintenant. En eux, le Verbe se fait machine infernale, il se nie lui-même. L'à-propos des Dupondt, leur vocabulaire insensé, leur logique toute personnelle les placent au rang des rois du pataquès et autres déconfitures verbales. D'abord le bafouillage ravageur et la délirante contrepèterie sont leur domaine privilégié, leur étoile, leur victoire absolue. Tout le reste en découle. Ils ont un lexique limité de phrases clés qu'ils utilisent sans relâche — par exemple: «C'est mon opinion et je la partage», «Bizarre autant qu'étrange», «Motus et bouche cousue, c'est notre devise» — dans toutes les variations possibles du lapsus et de l'inversion. Et puis, j'allais l'oublier, leur célèbre: «Je dirais même plus», qui en dit si peu... Plus un nombre impressionnant d'assertions irrésistibles, affirmations, mots d'auteur, tirades, etc., qu'il serait oiseux de rapporter ici.

A côté de ce comique de mots, la maladroite paire amuse par une exploitation systématique et outrée du comique de situation. Alors, les gags pullulent, permanents, démesurés. A peine apparus, les Dupondt appellent le rire. Il est par exemple traditionnel qu'ils se cognent contre un obstacle *prévu,* ou reçoivent maints projectiles sur le chef; le choc est leur privilège. Le moindre geste est facteur d'accidents divers et toujours *attendus.* J'ai recensé leurs chutes, glissades, dégringolades, etc.[2], et aussi le gag complémentaire du véhicule qui démarre brusquement, éjectant avec brutalité les détectives mal arrimés[3] : la moyenne apparaît de deux chutes par épisode! Quelle constance!

C'est la répétition qui provoque le rire, un enlisement progressif, minutieux, irréversible des personnages. Hergé accentue la fatalité auto-destructrice avec les gags afférents aux chapeaux boule de

---

1. *Les bijoux de la Castafiore*, p. 38.
2. *Les cigares* (p. 60), *Le Lotus* (pp. 50 et 61), *L'île* (pp. 2, 59 et 62), *Le sceptre* (pp. 42 et 62), *Le crabe* (p. 4, 11, 47 et 59), *La Licorne* (pp. 10, 32 et 33), *L'or noir* (pp. 8 et 55), *Objectif* (p. 28), *On a marché* (pp. 6 et 7), *L'affaire* (p. 38), *Les bijoux* (p. 39), *Les Picaros* (p. 2).
3. *Les cigares* (p. 58), *Le sceptre* (p. 13), *Le crabe* (p. 59).

nos jumeaux, soit qu'il y ait confusion dans les couvre-chefs, soit que les melons se trouvent aplatis ou déchiquetés, soit qu'un choc les ait enfoncés jusqu'au menton des Dupondt qui ne peuvent plus les retirer. Ici aussi, la moyenne est de deux pour un épisode[1]. L'auteur étendra ce gag à Tournesol et Haddock dans *Vol 714 pour Sydney* (pp. 21 à 27). Une autre constante spectaculaire est la manie du déguisement. Pour *passer inaperçus,* Dupond et Dupont revêtent les costumes prétendûment folkloriques des pays qu'ils visitent — en confondant souvent les folklores — ou s'habillent en matelots (selon eux) lorsqu'ils enquêtent sur un navire. On devine que le but est loin d'être atteint, car rien n'est plus carnavalesque que ces déguisements[2].

Il est coutumier que nos détectives soient les premières victimes de leurs enquêtes. Dans *Le crabe aux pinces d'or* (p. 3), ils recherchent des faux-monnayeurs mais paient leur boisson avec de fausses pièces. Ou bien, dans *Le secret de la Licorne,* à la poursuite du pickpocket Aristide Filoselle, ils se font dérober leurs portefeuilles une vingtaine de fois à la suite; leurs maladresses ne se comptent plus. Chose plus grave, il en va de même pour leurs erreurs professionnelles. Emportés par l'autosatisfaction, la bêtise la plus noire et la plus obstinée petitesse de sentiments, ils émettent des jugements hâtifs, injustes et manifestement inadaptés. Enfin, sommet de leur carrière, l'affaire des traces de pneus dans le désert (*Au pays de l'or noir*, pp. 17 à 33) — rappelée du reste dans *On a marché sur la Lune* — est un symbole: emboîter son propre pas, marcher en ses propres traces, n'est-ce pas le comble de la bêtise?

Castafiore et Lampion

Bianca Castafiore: le nom est une fête!... Cette calamité vocale (?) hante les scènes du monde entier, et la transmission sans fil lui fait pénétrer les régions les plus reculées du globe, le Népal, par exemple (*Tibet,* p. 17)... Première constatation: les personnages hergéens, à commencer par le Capitaine, sont allergiques à l'art de la cantatrice. Seconde constatation: la précédente ne doit pas faire

1. *L'île* (pp. 37 et 62), *Le sceptre* (pp. 16 et 17), *Le crabe* (pp. 47 et 48), *La Licorne* (pp. 55 et 57), *Le trésor* (pp. 4, 5, 7 et 8), *Le temple* (p. 4), *L'affaire* (p. 12), *Coke en stock* (p. 10), *Les bijoux* (pp. 37 et 39).
2. *Les cigares* (p. 9), *Le Lotus* (p. 45), *Le crabe* (p. 46), *Le trésor* (p. 14), *L'or noir* (p. 7), *Objectif* (p. 18), *L'affaire* (p. 28).

oublier que Bianca est la grande diva de son temps, une Callas de l'imaginaire, comblée de gloire et d'adulateurs (en particulier le colonel Sponsz). Si vous n'aimez pas son chant, il ne faut pas en dégoûter les autres... Le fameux «Air des bijoux» de Gounod est son fétiche, sa marque de fabrique, sa parure et son portrait mythique: ses bijoux sont pour elle des émanations de son destin, sa raison d'exister, tout comme Bela Lugosi, à la fin de sa vie, ne pouvait plus se dissocier de son cercueil de vampire...

L'unicité de la Castafiore vient du tandem fabuleux qu'elle campe avec Haddock. Avec lui plus qu'avec tout autre, elle se dévoile, tonitruante, matriarcale, terrifiante, cataclysmique, mais aussi fine, vive, capable de générosité, de clairvoyance, féminine, désintéressée...

Son existence se manifeste sur deux plans parallèles: un premier plan, strictement limité au rire, où elle est ce «mal qui répand la terreur» et où la relation s'établit spécialement avec le Capitaine. Ici, l'épisode des *Bijoux* est son triomphe; elle y dispute la vedette à sa victime... Le deuxième plan, intégré à l'aventure, est autrement utile, la chanteuse s'avérant une alliée précieuse que Tintin et Haddock peuvent remercier plus d'une fois *(Le sceptre , L'affaire Tournesol).*

Quant à Séraphin Lampion, agent des «Assurances Mondass», casse-pieds de première et flanqué d'une abominable famille, c'est le plus authentique Bouffi: bouffi de prétention, de graisse, de molle veulerie, de médiocrité, de noire bêtise, bouffi d'intolérance, de mesquinerie et de ridicule... L'image du type de ces petits bourgeois haïssables dont Hergé se plaît à fustiger l'existence.
Au contraire de Bianca, jamais Lampion ne peut se rendre utile. C'est même plutôt un gêneur, un faiseur d'embrouille et de complication. C'est du vide, Séraphin, du vide avec, autour, plein de choses désagréables! Signe du destin, c'est un orage qui le propulse d'abord à Moulinsart. Et la seule défaite de sa carrière de fâcheux lui est infligée par le «rossignol milanais»: c'est l'affrontement de deux magnétismes, l'étincelle qui met (provisoirement) hors course un personnage certes bien antipathique, mais aussi tellement drôle!...

Rastapopoulos

Chef de gang de haute volée, répugnant individu faisant preuve du plus mauvais goût moral et vestimentaire, Roberto Rastapopoulos est un autre mesquin, un autre médiocre, un parvenu qui s'imagine magnifique. Voilà donc le méchant en son horrible plénitude, de surcroît lâche, cauteleux, hypocrite... Sous ses ordres, la lie internationale, tout le gratin du monde des malfrats: truands officiels, flics véreux, politiciens corrompus (pléonasme?), même d'anciens nazis sadiques en mal de défoulement! Et aussi les autres «affreux» de l'oeuvre, à quelques rares exceptions près (Boris Jorgen, par exemple)... Des *Cigares du pharaon* jusqu'à *Coke en stock,* l'image de Roberto est fidèle à la règle du jeu, éclatante et déplaisante, un tantinet parodique. Bien insolite, en revanche, est sa participation à *Vol 714,* où l'auteur le fait dégringoler au fond du ridicule, le dégonfle sans merci, ainsi que son acolyte Allan. Hergé règle-t-il ses comptes avec ses deux bandits favoris?..

Et les autres...

Il y a enfin, dans les Aventures de Tintin, une quarantaine de comparses et une dizaine de méchants familiers qui apparaissent au moins deux fois. Faute de leur consacrer à tous un paragraphe, en voici le rapide catalogue, lequel démontrera sans conteste la richesse de cet univers.

Comparses

— Abdallah, fils de l'émir Ben Kalish Ezab *(Or noir, Coke, Alph-Art).*
— Alcazar, alias Ramon Zarate, général, dictateur du San Theodoros et lanceur de couteaux *(Oreille, 7 boules, Coke, Picaros).*
— Bab El Ehr (Sheik), rival de l'émir *(Or noir, Coke).*
— Baxter, directeur de la base spatiale de Sbrodj en Syldavie *(Objectif, On a marché).*
— Ben Kalish Ezab, Mohamed, émir du Khemed *(Or noir, Coke, Alph-Art).*
— Bergamotte, Hippolyte, américaniste *(7 boules, Temple).*

— Cantonneau, Paul, professeur à l'université de Fribourg *(Étoile, 7 boules, Temple)*.
— Charlet, Marc, explorateur *(7 boules, Temple)*.
— Chester, capitaine au long cours *(Étoile,* et cité dans *Les bijoux)*.
— Chiquito, ou Huaco, grand-prêtre du Soleil *(7 boules, Temple)*.
— Clairmont, cinéaste *(7 boules, Temple)*.
— da Figueira, Oliveira, commerçant *(Cigares, Or noir, Coke,* et cité dans *Les bijoux)*.
— de la Batellerie, Jean-Loup, reporter à Paris-Flash *(Ile noire* 2e version, *Bijoux, Picaros)*.
— deux journalistes anonymes: l'un de La Dépêche, l'autre, un grand blond au nez cassé *(Ile noire* 2e version, *Picaros)*.
— Gino, journaliste au Tempo di Roma *(Bijoux, Picaros)*.
— Hornet, professeur, conservateur de musée *(7 boules, Temple)*.
— Irma, caMériste de la Castafiore *(Affaire, Bijoux, Picaros, Alph-Art)*.
— Laubépin, professeur, américaniste *(7 boules, Temple)*.
— le maharadjah de Rawhajpoutalah et son fils *(Cigares, Lotus)*.
— Nestor, valet de chambre à Moulinsart *(Licorne,* puis tous les épisodes sauf *Temple, Or noir, On a marché, Tibet, Vol 714)*.
— Pablo, Santheodorien *(Oreille, Picaros)*.
— Pinson (Mme) , concierge de Tintin *(Sceptre, Crabe, Licorne)*.
— Quick et Flupke *(Congo, Étoile)*.
— Ridgewell, explorateur *(Oreille, Picaros)*.
— Rizotto, Walter, photographe à Paris-Flash *(Bijoux, Picaros)*.
— Rotule, docteur *(Objectif, On a marché,* et cité dans *Les bijoux)*.
— Sakharine, Ivan, collectionneur *(Licorne, Alph-Art)*.
 Sanders-Hardmuth, professeur, américaniste *(7 boules, Temple)*.
— Sanzot, boucher *(Affaire, Bijoux, Picaros,* et cité dans *Coke)*.
— Szut, Piotr, aviateur *(Coke, Vol 714)*.
— Tapioca, général, rival d'Alcazar *(Picaros,* et cité dans *Oreille, 7 boules,* et *Coke)*.
— Tchang Tchong Jen, adolescent *(Lotus, Tibet,* et cité dans *Les bijoux)*.
— Wagner, Igor, pianiste de la Castafiore *(Sceptre, 7 boules, Affaire, Coke, Bijoux, Picaros, Alph-Art)*.

— Walther, radio de la base spatiale de Sbrodj *(Objectif, On a marché)*.
— Wang Jen-Ghié, père adoptif de Tchang *(Lotus,* et cité dans *Tibet)*.
— Wolff, Frank, ingénieur *(Objectif, On a marché)*.

Méchants

— Chicklet R. W., agent de la General American Oil *(Oreille, Alph-Art)*.
— Dawson, chef de la police de la Concession internationale de Shangai *(Lotus, Coke)*.
— le fakir de Rawhajpoutalah *(Cigares,* et cité dans *Lotus)*.
— Gibbons, négociant en import-export *(Lotus, Alph-Art)*.
— Jorgen, Boris, colonel, officier d'ordonnance du roi de Syldavie *(Sceptre, Objectif, On a marché)*.
— Loiseau, Maxime, antiquaire *(Licorne,* et cité dans *Le trésor)*.
— Miller, espion *(Objectif, On a marché)*.
— Müller J. W.(Docteur), alias Professeur Smith, alias Mull Pacha *(L'Ile, Or noir, Coke)*.
— Plekszy-Gladz, maréchal, chef de l'Etat bordure (cité dans *L'affaire, Bijoux* et *Picaros)*.
— Sponsz, colonel, chef de la police de Bordurie *(Affaire , Picaros,* et cité dans *Les bijoux)*.
— Thompson, Allan, lieutenant de marine *(Cigares, Crabe, Coke, Vol 714)*.

Voici close cette trop succincte galerie de portraits. Il fallait résumer en quelques pages les ramifications d'un monde extrêmement vivant, structuré, un monde qui s'est élaboré depuis cinquante ans... Les personnages de «Tintin» nous sont proches, ils nous ressemblent et nous achèvent. Sur ce plan comme sur tant d'autres, Hergé a parfaitement réussi son œuvre: il a fignolé un cosmos où chacun de nous peut plonger sans appréhension.

Article de l'auteur paru dans les *Cahiers de la bande dessinée* n° 14/15 (1971, refonte en 1978)
et extrait de *Archétypes et concordances dans la bande dessinée moderne* (mémoire de maîtrise pour la Faculté des Lettres de Nice, 1971).

LETTRE D'HERGÉ A TINTIN

(lue sur les ondes d'Inter variétés,
émission «Quelque part en France»,
le dimanche 21 juin 1964)

Mon cher Tintin,

*Voilà 35 ans que tu es mon fils, et c'est la première fois que je
t'écris.*
*J'ai voulu, d'emblée, que tu vives ta vie. Vingt fois, tu es parti
courir le monde. Pendant ce temps, moi, le crayon à la main,
noircissant des tonnes de papier à dessin, je rêvais tes aventures.
Ainsi donc, depuis toujours, nous avons été très séparés; et, à la
fois, unis par le lien le plus étroit qui puisse relier deux êtres. J'ai
une grande habitude de «correspondre» avec toi, mais pas par
lettre. De là, sans doute, en commençant celle-ci, le manque
d'assurance, le léger émoi que je ressens. Tu m'intimides, Tintin!
Suis-je fier de toi?... Oui, évidemment. Tu m'as donné de grandes
joies, bien des tracas aussi, mais jamais le moindre motif de
chagrin ou de mécontentement. Il fut même une époque — celle
de ma jeunesse — où mon idéal eût été de te ressembler. J'aurais
aimé être un héros sans peur et sans reproche. Hélas! c'était une
illusion, depuis longtemps envolée... Je ne transpose plus la
parole évangélique: «Soyez parfait comme votre fils est parfait».
Parfait: si quelqu'un l'est, c'est toi. Je ne devrais que m'en
trouver comblé. D'où vient que j'en suis un peu déçu?... De ce
que tu es, justement, trop parfait. De ce que j'ai, moi, homme
normal, issu de parents normaux, un rejeton qui n'est pas
«comme les autres». De qui tiens-tu cela? Pourquoi y a-t-il chez*

253

toi quelque chose (comment dirais-je?...) de pas tout à fait
«humain»? J'avais fondé de grands espoirs sur le capitaine
Haddock. A force de vous fréquenter tous les deux, il devait, lui,
fatalement, se policer à ton contact, et c'est ce qui n'a pas raté;
mais toi, tu n'as emprunté aucune de ses aspérités, aucune de ses
faiblesses, tu n'as rien pris de lui, même pas un doigt de whisky.
Mais je m'arrête: mon poignet a été saisi par un ange, collègue
de celui qui parfois retient Milou sur la mauvaise pente. Te
lancer dans une carrière (soi-disant le journalisme, en réalité la
Chevalerie): cela, j'en avais le droit. Mais ce n'est tout de même
pas à un père de guider son fils dans le choix de ses défauts!
Salut, mon petit gars! Je dirais même plus: salut!

Hergé.

TABLE DES MATIÈRES

Imprimé en Belgique par Casterman, s.a., Tournai.
Dépot légal: février 1989; D. 1989/0053/16.